大展好書　好書大展
品嘗好書　冠群可期

大展好書　好書大展
品嘗好書　冠群可期

武術特輯
123

武氏太極拳全書

姚繼祖 著

大展出版社有限公司

武禹襄　祖師
（1812—1880）

李亦畬　宗師
（1832—1892）

郝爲眞　宗師
（1849—1920）

李遜之　宗師
(1882—1944)

李遜之宗師和諸弟子合影於永年
後排（左起）：姚繼祖　魏佩霖　趙允元　劉夢筆

中排（左起）：趙駿臣　李遜之

前排：　　　　　李池蔭

作者：姚繼祖

作者簡介

　　姚繼祖先生是武氏太極拳第四代傳人。他出生於太極拳中興發祥之地——河北永年縣廣府鎮，自幼即隨其祖父習練太極拳術，並曾在永年國術館與當時太極名人韓欽賢等修習太極推手及器械套路，後拜師於太極泰斗李亦畬之子李遜之先生，自此秉承師訓苦練不輟，深得太極之精髓，終成名家。

　　早在60年代初，姚繼祖先生就不斷在一些武術雜誌上發表文章，闡述自己對太極拳之見解。他與太極名家顧留馨先生相交甚密。

　　1981年，全日本太極協會訪華團慕名來邯鄲，在政府的安排下，姚繼祖先生接待了他們，他與日本朋友一起切磋交流，談術論技。其精湛的技藝，淵博的學識，使日本朋友佩服之至。團長、日本東京太極學院院長、全日本太極協會指導委員長三蒲英夫先生也與姚繼祖先生成爲摯友，並在日本的《太極》雜誌上極力推崇姚繼祖先生的精湛拳技。

1984年，姚繼祖先生應邀參加了在武漢舉行的國際太極拳、劍表演觀摩會，並在大會上進行了講學、表演和輔導，被評爲全國太極十三名家之一。南方諸多報紙都以《北方梟雄姚繼祖》爲題發表文章，盛譽姚先生之拳技。

　　1994年姚繼祖先生又經溫縣國際太極拳年會審定爲全國十三名太極大師之一。

　　姚繼祖先生不但拳技精湛，武德人品無不服之，拳如其人，人如其拳，而且理論造詣頗深，文武兼備，成爲一代太極宗師名揚海內外。他在練拳過程中，還經常把自己的心得體會記錄整理並編爲歌訣，成爲太極理論之珍貴資料，並曾整理成《太極鎖鑰》一書，可惜由於十年「文革」及其他原因一直未能出版，十分遺憾。

　　此次，姚先生大作的出版，定會爲太極之輝煌大典增添其光彩的一頁。

前　言

　　太極拳是我國的傳統武術項目，它源遠流長，博大精深，在長期的發展中，形成五大流派，武氏太極拳就是其中之一派。當代武術家顧留馨先生曾說：「近代太極拳的傳佈，以楊氏祖孫三代對教材教法不斷創新之力量多，而於拳理的鑽研總結首推武、李，較之王宗岳《太極拳論》之抽象性概括遠爲具體切實，有繼承，有發展，乃能自成一家。」

　　這裏的「武、李」，即指武氏大極拳的創始人武禹襄及其傳人李亦畬大師，武氏太極拳之所以備受太極拳界的推崇，也正是由於武禹襄、李亦畬結合技擊實踐，把太極拳理論推到了一個難於企及的高峰。他們二人的著作與王宗岳的《太極拳論》被現代各派太極拳奉爲經典。其中王宗岳《大極拳論》的公開與傳播也皆出自李亦畬的手抄木。

　　我自幼習練太極拳，後拜師於李亦畬之子李遜之先生，深得先師器重，先師言傳身教，不遺餘力，授於拳理至細。我深感先師授藝之恩德，總想能爲武氏太極拳的發揚光大添磚加瓦，以慰先師在天之靈。爲之，早在 60 年代初我即把先師所談的拳中訣要及自己練拳的體會寫成《太極鎖鑰》一稿，可惜由於「文

革」的十年動亂及其他一些原因，至今未能付印出版，十分遺憾。

近年來為推廣普及武氏太極拳，我廣交朋友，切磋拳技，培養後人，傳授拳藝，也接待過不少中外太極拳愛好者，但著書之念，從未忘記。

承蒙山西科學技術出版社的大力幫助，使我能夠在年逾八旬的今天，把先師在教拳過程中，口授心傳，保留下來的一些記錄資料，及本人對太極拳在理論實踐方面的理解、體會和經驗加以總結，寫成此書，使武氏太極拳得以正確承傳和發揚光大。當然，這些內容都是以前人的研究成果為基礎的，我所能做到的，不過是有限的繼承和總結。

《武氏太極拳全書》主要包括六個方面的內容：

一是拳理部分，主要介紹太極拳理論，是筆者對太極拳的實質及哲理性的研究與認識，這部分內容可以幫助讀者從根本上科學她認識太極拳之精髓，弄清太極技擊的實質。

二是拳架部分，該部分採用圖解的形式，全面而詳細地介紹了武氏太極拳的基本套路、動作要領和要點，便於讀者自學。

三是推手及器械部分，主要介紹武氏太極拳的活步推手及武氏太極十三刀、武氏太極十三劍、武氏太極十三杆、武氏太極四刀等一些從未全面介紹過的內容。

四是先師口授的拳要及由自己心得筆記組成的拳釋、拳解。

五是先哲們對太極拳的經典論述。

六是武氏太極拳名人簡介。

《武氏太極拳全書》運用了大量的動作示範圖，這些圖照全部由筆者親自示範，當然也得到我的幾個弟子如金竟成、王印海、翟維傳、鍾振山、胡鳳鳴等的幫忙。他們有的配合示範，有的幫助拍照。有的在書稿的整理及資料的抄寫等方面做了許多的工作。

由於本人水準所限，書中難免有不妥之處，還望同道不吝賜教，莫教胎誤後人。

姚繼祖

武氏太極拳簡介

　　武氏太極拳爲河北永年廣府東街武禹襄（1812－1880）所創。武禹襄得眞傳於河南溫縣趙堡鎭陳青萍，並從其兄澄清處（其兄爲舞陽縣知縣）獲王宗岳《太極拳論》。回家後與其甥李亦畬詳加研習，對其深奧拳理悉至細微，並頗有發悟而獨創出一派嚴格遵循太極之理與法則的武氏太極拳。還結合實踐心得寫出《十三勢行功要解》、《太極拳解》、《太極拳論要解》、《十三勢說略》、《四字秘訣》、《打手撒放》、《身法八要》等著名拳論，開太極拳詳理之先河。

　　他的傳人李亦畬（1832－1892），更把武氏理論發揚光大，著有《五字訣》、《走架打手行功要言》、《撒放秘訣》、（太極拳小序》及《跋》等，禹襄之兄也寫有《釋原論》、《打手歌》等，形成一套系統而完整的太極拳理論體系。他們對太極拳理論發展所做的貢獻是至今任何人都不能比擬的。

　　武氏太極拳是從中架子開始教學的，其姿勢緊湊，動作舒緩，尾閭中正，虛實清楚，陰陽相輔，剛柔相濟，靠內氣潛轉指配外形，內固精神，外示安逸，左右手各管半個身體，分工嚴格，不相逾越，出

手高不過眼，遠不過腳，並在鬆靜之中暗含著開、合、隱、現，走架或打手時，開則俱開，周身骨節或肌肉群都微有開展的意思，開為發，發力的神意微現於體外；合則俱合，周身的骨節和肌肉群微有收縮的意思，合為收，把運力的神意收隱於體內，這種由開到合，由合到開，互相轉換的漸隱漸現，就是王宗岳《太極拳論》所說的「忽隱忽現」。

特別是武氏太極拳結合古代「踵吸法」用呵、嘻、呼、呬、吹、噓六個字來分別醫治心、肝、脾、肺、腎、膽等各部氣官之疾病，頗俱效果。

在推手上，武氏太極拳注重粘連黏隨，接勁制人，不提倡用著制人，也只有這樣，才能收到事半功倍的效果，真正達到「四兩撥千斤」之妙境。

武氏太極拳由於其理論精深，身法嚴謹，神形兼備，內涵豐富，體用兩全，既可鍛鍊體質，又能陶冶情操，既能防病袪病，又能技擊防身，所以，深受廣大太極拳愛好者的喜愛。

為了使武氏太極拳這個武林瑰寶能在中國大地迅速普及，造福於人類，最近，國家體委已把武氏太極拳作為重點推廣的體育項目之一，並整理出一套武氏太極拳競賽套路。筆者相信在不久的將來，武氏太極拳一定會大放異彩。

姚繼祖

目　錄

第一編　武氏太極拳特點及身法概要 ················· 27

太極拳概論 ················· 28

武氏太極拳的源流及特點 ················· 40

武氏太極拳身法概述 ················· 44

第二編　武氏太極拳傳統套路圖解 ················· 47

武氏太極拳圖解及要領的說明 ················· 48

武氏太極拳拳式名稱順序 ················· 49

武氏太極拳套路圖解 ················· 52

第三編　武氏太極拳推手 ················· 163

武氏太極拳推手概論 ················· 164

武氏太極拳推手方法圖解 ················· 171

第四編　武氏太極十三連環劍套路圖解 ········· 185

武氏太極十三連環劍名稱順序 ················· 186

武氏太極十三連環劍套路圖解 ················· 187

第五編　武氏太極刀套路圖解 ································ 203

　武氏太極十三刀名稱順序 ···················· 204

　武氏太極十三刀動作圖解 ···················· 205

　武氏太極拳四式追魂刀圖解 ················· 219

第六編　武氏太極杆術套路圖解 ·················· 227

　武氏太極十三杆套路名稱順序 ············· 228

　武氏太極十三杆套路圖解 ···················· 229

　武氏太極四杆術對練要領說明 ············· 242

　武氏太極粘黏四杆圖解 ······················· 243

　武氏太極四散杆圖解 ·························· 248

第七編　拳解與論術 ····························· 255

　太極拳歌訣 ································· 256

　拳　　解 ································· 260

　拳　　論 ································· 271

　論打手 ····································· 279

第八編　古典拳論 ······························· 283

　古典拳論 ································· 284

附錄 ··· 301

　附錄一　健身六氣法 ························ 302

　附錄二　武氏太極拳名人簡介 ············· 303

　附錄三　武氏太極拳傳遞表 ··············· 307

第一編

武氏太極拳
特點及身法概要

太極拳概論

　　太極拳是我國古老的傳統體育項目之一，是中國歷史文化遺產的一項璀璨瑰寶。它採日月之精華，集拳術、導引術、吐納術之大成，既有強身健體、陶冶情操、防病祛病之效果，又有攻防格鬥的高對抗性技擊之功能。

　　太極拳經過長期的發展演變，融匯了我國的哲學、醫學、兵法、技術、教育、美學等各個領域的理論，形成了自己獨特的博大精深的理論體系。

一、太極拳的哲學基礎與實質

　　太極拳作為中國燦爛文化的一個組成部分，汲取了我國古代道、佛、儒三家的古典哲學思想，具有十分鮮明的文化特色和哲學基礎。很好地瞭解這些，對於我們學好太極拳有著十分重要的指導意義。

　　「太極」二字來自《周易》，其《繫辭‧上》說：「易有太極，是生兩儀，兩儀生四象，四象生八卦」，這就是《周易》的陰陽學說，也是太極拳的立論之道。在這裏，兩儀就是陰與陽；四象乃為太陽、少陽、太陰、少陰；八卦即乾、坎、艮、震、翼、離、坤、兌。由此，也總括了太極陰陽變化的無限性，陰陽中可以再分陰陽，變化之中還能再生變化……這也說明宇宙間的一切事物皆存

在著陰與陽的相互對立、相互作用和相互轉化。王宗岳《太極拳論》說：「太極者。無極而生，陰陽之母也。」就是說，太極由無極而生，是一切運動變化的樞機，包含著「陰」和「陽」這兩大事物的根本性質。武禹襄《太極拳論》進一步解釋道：「未有天地之前，太空無窮之中，渾然一氣，乃為無極。無極而太極。太極者，天地之根荄，萬物之原始也。」所以，無極即指天地未開，陰陽未分之茫茫宇宙，古人稱之為混沌（如圖1）。

這是一個無所謂「陰陽」，無所謂「有無」的有機整體。對太極拳來說，就是拳勢未始時，抱元守一，渾然無物而又總括一切之狀態，即所謂的「不動為無極，已動為太極」。也正因如此，有的流派才把太極拳的預備式稱為「無極式」。

縱觀各個時期太極先輩們的拳論、拳經、拳譜以及太極圖等諸多太極經典，沒有一處不體現著運動、發展及相互轉化的規律，也就是陰陽互化，矛盾的對立統一規律。特別是「太極圖」，以其精闢獨到的見解，把太極拳的運動、發展、變化和對立統一的根本規律表現得淋漓盡致（如圖2）。此圖的含意是：「其外一圈者，太極也，中

圖1

圖2

分黑白者，陰陽也。黑中含一點白者，陰中有陽也；白中含一點黑者，陽中有陰也。陰陽互交，動靜相倚，周詳活潑，妙趣自然。」從「太極圖」以及「無極圖」中我們可以看出，「無極」和「太極」都是以一中空的圓圈來表示的。這就深刻揭示了大自然的博大內涵，既表現出了宇宙的浩瀚深厚，無邊無際，無始無終，又預示著「有」和「無」的對立統一，孕育著太極的陰陽互化。同時；太極拳的圓運動也正是「無極圖」和「太極圖」圓形的具體體現。

太極拳的一舉一動皆離不開圓，或大圓，或小圓，或平圓，或立圓，或圓弧，處處圓活，環環相繞。既包含了無極之圓的渾然一體，猶如宇宙之廣大浩瀚，無始無終，又包含了太極之圓的陰陽分明，動靜相輔。這就要求練太極拳者，不但要心胸遼闊無比，意識如茫茫大宇，又要動中寓靜，靜中有動。這就是所謂「周身處處皆太極」的含意。陳鑫把練太極拳說成是「每日細玩太極圖，一開一合在吾身」，也即此意。

太極拳無處不體現著陰陽變化這一對立統一的根本規律，如虛實，動靜，開合，剛柔，這些都是陰陽的範疇，都在無窮的變化之中。「開中有合，合中有開；虛中有實，實中有虛」。「動靜循環」，「剛柔相濟」，這都是太極陰陽的對立統一。

總而言之，無極而太極，太極分陰陽，陰陽可以互化，這就是太極拳的對立統一觀，也是太極拳的哲學基礎，把握到這一點，才是把握到太極拳的精髓和實質。

二、太極拳的美學價值和道德情操

古人云：「修練之為教。」就是說，修練是一種教育。練太極拳不僅是要強身健體，攻防格鬥，另一個重要的方面就是修身養性。由太極拳本身內涵或外在的美育特點，加強練拳者美的教育，增強其個性、品德、教養的精神美，達到修養身心，陶冶情操的目的。

習武者都知道，武德是武術家思想美的集中體現，這一方面跟一個人練武之前的本身思想修為有關，另一方面，還可以由後天練拳過程中潛移默化的美的教育，使其不斷完善、深化和提高。而太極拳在這一方面有其獨到的教化功能。

古今中外的任何一種拳術，其功能不外乎搏人（攻擊）、禦敵（防守）和健身三個方面，特別是有些拳種，主要以攻擊制敵為主，所以必然以急功近利為原則，出手必狠，甚至一著得手即置人於死地。而太極拳集佛家的「大慈大悲」，道家的「善哉」和儒家的「仁義」於一體，可以說是一種「道德拳」。

從其技擊手段來看，太極拳以「中庸」為體，以「無為」為用，講究「捨己從人」，講究「彼不動己不動」，講究「隨屈就伸」。它不僅僅把武德表現在口頭或是書面上，同時還把待人接物以善為本的行為準則，有機地融匯到具體的技法之中。即使在激烈的搏鬥之中，也處處講究與人為善這一太極宗旨，達到美與善的高度統一，達到外在與內涵的高度統一。這正是我國古典的「中和」之美，

「溫柔敦厚」之美。

從習練拳術的根本目的看，絕大多數拳種都把戰場搏殺作為主要目的，所以才出手毒辣，攻即要害。而太極拳卻以養生為本，以技擊為末。它講究德術並重，身心合修。練拳的目的主要是修身養性，強身健體。正像《太極十三勢行功歌訣》所云：「詳推用意終何在？益壽延年不老春。」太極拳的修練過程，是教人向善的過程，是行道養德的過程，也是強身健體的過程。正因為太極拳以健康身體為本，所以本固而枝榮，打拳技擊自勝一籌。

從太極拳的走架看，其要求在身心合一的基礎上「動如江河，靜如山嶽」，又要求「似行雲流水」，舒緩飄逸，跌宕有致，輕柔圓滑。連綿不絕。這不但可以使演練者身心俱融於天地，融於自然，達到物我兩忘，物我一體的境界，同時，也使觀看者受到自然之美的感染，得到美的享受。正所謂「形美感目，神美感心」。這也是其他拳種無法比擬的內修特徵。

三、太極拳的技擊特點與「反者道之動」的戰略思想

太極拳技擊的出發點是為了自衛，這就決定了其必然站在弱者的立場，研究的是弱者在守勢時制服強敵的技法，所以才有了在「引進落空」基礎上「牽動四兩撥千斤」，「借力打人」的戰略思想。

其技擊總特點，概括起來不外乎「以靜制動」、「以柔克剛」、以慢打快、以退為進、以小勝大。而這一切皆

是在柔和靜的主導下進行的，皆是道家「反者道之動」思想的具體應用。

「反者道之動」是老子哲學思想的著名命題，意思是說，事物的運動和發展，都有著向其相反的方向轉化的規律。太極拳把這一辯證真理應用於其技擊實踐的戰略之中，是對武術理論的一大貢獻。

1.「靜」在技擊中的作用

太極拳講究「以靜制動」，講究「靜以含機。動以變化」。李亦畬《五字訣》之首即為「一曰心靜」，武禹襄《打手要言》也指出要「視動猶靜，視靜猶動」。顯然，在這裏的「靜」並不是死水一潭的靜止，並不是沒有變化的靜，而是從動靜相生，陰陽相輔的辯證觀點出發，強調動與靜的相互轉化，是「動中寓靜，靜中觸動」。所以，「靜」只是方法，「動」才是目的，靜是為了更有效地動，這就是「以靜制動」。太極拳的每一次技擊，都是在從靜到動的轉化中完成的。這就是「反者道之動」。

靜的含意，包含三個方面的內容：一是物我兩忘、臻入化境的意識「虛靜」，二是安定沉著、從容不迫的頭腦「冷靜」，三是「氣斂入骨」、「周身罔間」的體勢「鬆靜」，這就是「靜無有不靜」。

「虛靜」和「冷靜」都是心靜的一個方面。太極拳的「虛靜」須從無極入手，只有練到思想靜、意識靜、物我兩忘，才能氣順神凝，心如明鏡，才能精、氣、神一體，才能真正達到頭腦的「冷靜」，而只有頭腦「冷靜」，才能沉著應敵，從容不迫，才能「精神貫注，開含有致，虛

實清楚」，才能審勢知機。武禹襄說：「心為令，氣為旗」，「身雖動，心貴靜」。然而，要達到「心靜」，非苦練不可。只有練到一定火候，身上有了一定功夫，心才能靜，氣才能沉，神才能聚。

體勢鬆靜，就是要「兩肩鬆開，氣向下沉」（即氣沉丹田），也即「腹內鬆靜」。這是要以心靜為基礎的，就是武禹襄說的「先在心，後在身」。只有體勢鬆靜，才能使「氣斂入脊骨」，才能「呼吸通靈，周身罔間」，「前進後退無絲毫散亂」。也只有鬆靜到「呼吸通靈，周身罔間」，「剛柔俱泯，一片神行」，才能「羽不能加，蠅蟲不能落；人不知我，我獨知人」，才能得機得勢。

李亦畬的《走架打手行功要言》把動與靜的關係闡述得十分清楚。他說，要想引進落空、四兩撥千斤，首先要知己知彼，而知己知彼的關鍵，是在得機得勢基礎上的捨己從人。

要想得機得勢，就必須周身一家，神氣鼓蕩，神不外散，使神氣收斂入骨。而「欲要神氣收斂入骨，先要兩股前節有力，兩肩鬆開，氣向下沉。由此可見，「兩肩鬆開，氣向下沉」的鬆靜，對於太極拳的技擊是何等重要。若將此比作一棵大樹，那麼，「鬆靜」就是根，神氣是身，捨己從人是枝，引進落空、四兩撥千斤才是果。所以，可以說沒有「鬆靜」就沒有技擊的成功。

2.「柔」在技擊中的作用

太極拳不同於其他拳術的最大特點就是「柔」。「弱勝強」、「以柔克剛」是太極拳技擊的核心，也是「反者

道之動」的方法論在技擊上的具體運用。

「以柔克剛」、「以弱勝強」從表面看來是矛盾的，可是其內涵卻十分豐富，它所揭示的哲理也是極其深刻的。老子就認為「天下至柔，馳騁天下之至堅。」在這裏，「柔」並不是退縮、保守、狹隘，而是柔而不軟、韌而不折。對太極拳來說，「柔」無處不在。心靈的仁、義、善是柔，行功的鬆、慢、穩、匀連綿不斷是柔，技擊的「捨己從人」、「粘連黏隨」、「不丟不頂」、「隨屈就伸」也是柔，特別對太極拳的技擊來說，「柔」只是一種手段，其目的則是為了「克剛」，其效果就是小之勝大，弱之勝強。

「柔」在技擊中的作用包括三個方面，一是走化，二是粘依，三是蓄勁。

王宗岳《太極拳論》說：「人剛我柔謂之走，我順人背謂之粘。」這裏的「走」就是走化，是避其銳氣。當對方用「剛」勁進攻時，自己可以用弧形動作予以接引，用腰的旋轉運動隨接隨轉，將其進攻的著力點引開自己的重心，消解對方來勢。可以說這是以柔化剛。然而，光有走化還不行，因為走化只是被動的應付，只有在走化的過程中能夠粘依，才能變被動為主動。粘依就是「粘連黏隨」、「隨屈就伸」。

武禹襄《打手要言》說：「以己依人務要知己，乃能隨轉隨接；以己粘人必須知人，乃能不先不後。」所以粘依必須懂勁，必須以知己知彼為基礎。粘依的具體表現為按之則下，起之則上，進之則退，退之則跟，彼動一分，我動一分，彼動一寸，我動一寸，不先不後，不丟不頂。

顯然，如果沒有走化，這是絕對辦不到的。所以，粘依和走化也不能截然分開。

王宗岳《太極拳論》說：「粘即是走，走即是粘。」這從根本上指出了走化和粘依的關係，這就是互依互存、相輔相生。粘依的同時也有走化，走化的過程又離不開粘依。只有在隨對方進退的同時，用走化改變其勁力的大小、方向和作用點，避實就虛，才能引進落空，達到我順人背。

走化和粘依的「柔」雖然可以達到我順人背，把雙方對抗的主動權掌握在自己手裏。但是，這並沒有給對方以打擊，所以這還沒有完成技擊的全過程。而只有將這種「柔」化為「剛」，形成「剛柔相濟」，達到「以柔濟剛」發放出來，才能表現出「柔」在技擊中的威力。從這一方面來看，「柔」又是一種蓄。只有將「柔」蓄到一定程度，隨著蓄勁的增加，最終由量變到質變——積柔成剛，才能一擊成功。這就是武禹襄《打手要言》所說的「蓄勁如開弓，發勁如放箭」，「極柔軟，然後能極堅剛」。

剛柔的相互轉化是事物運動的重要表現形式，從茫茫宇宙的生、化、返，到自然世界的陰陽盛衰，任何剛都包含著柔，任何柔又都離不開剛，剛柔互為其根，共生互補，消長轉變，循環不已。這就是太極陰陽變化的至理，也是事物發展變化的規律。這一點已從太極圖中充分地表現出來。陽極生陰，陰極生陽，陰陽的彼此消長，正是剛和柔這一矛盾的雙方激烈鬥爭的表現。因此，剛與柔的相互轉化才是技擊的根本所在。

總而言之，「靜」和「柔」是太極拳的核心，是其技擊的主導，只有將太極拳練到至靜至柔，才能做到動靜相輔、剛柔相濟，才能領略太極三昧，達到「人不如我，我獨知人」的神明階段。

四、太極拳的保健特點

太極拳從形式上看，具有慢速、均勻、柔和、平穩的特徵，並且練太極拳不需要任何特殊的器械和場地，所以適合各種不同的工作性質、各種不同的身體狀況及各種不同年齡階段的人練習。其舒緩飄逸的動作，和諧的神韻，既有自然之美的樸實無華，又有藝術之美的優雅精煉，特別是意、氣、神的完整統一，形式和內涵的統一，陰陽相濟，內外兼修，這對於調節和改善身體各部位的生理機能有著良好的作用，對一些慢性疾病的預防和治療有著明顯的效果，所以練太極拳是強身健體益壽延年的最佳選擇。

1. 太極拳對神經系統的協調作用

用練太極拳時，注意力雖高度集中，但又崇柔尚靜，重意、重氣，空鬆圓活，使人處於一種十分興奮而又沒有絲毫緊張的精神狀態，使大腦皮質在運動中得以休息，使神經系統的各個方面，由興奮或抑制的不平衡轉向平衡，調節中樞神經的靈活性和靈敏性，對消除大腦疲勞，活躍情緒及訓練各感覺器官對外界環境的適應，都有良好的作用。特別是腦力勞動者，工作疲勞頭昏腦脹時打一趟太極拳，立刻會有頭腦清醒、神智靈慧的感覺。

太極拳對失眠、健忘、頭暈耳鳴等神經衰弱症及其他神經系統的疾病有著很好的療效。

2. 太極拳對內臟各器官的影響

太極拳運動具有的緩慢、均勻、連綿不斷的特點，絕不會形成呼吸的粗淺短促而給肺部造成壓力。其練之愈久，呼吸就愈勻細深長，特別是武氏太極拳，講究呼吸與動作的有機配合，再加上其「氣沉丹田」的腹式呼吸，使呼吸運動有規律地得到加強。

吸入足夠的氧，可增強體內營養物質的氧化吸收，以及其他生理化學作用；呼出有害的二氧化碳，能夠清除身體毒素，保持體內良好的生態平衡。並且，太極拳的深長呼吸還可增加肺活量，保持肺組織的彈性和良好的吐故納新功能。

同時，「氣沉丹田」的腹式呼吸。還可增加腹肌和橫隔肌的運動量，改善心臟血液的輸入輸出條件，促進血液循環，加強心肌的營養。並且使肝、膽、胃等器官增加蠕動，使其各項功能均得到鍛鍊和增強，從而對心臟血管系統和消化系統疾病的改善，也有著重要作用。

太極拳對腎的培固是由腰的主宰作用進行的。無論是太極拳的走架還是技擊，都要求以腰為軸，帶動四肢，「立如秤準，活似車輪」。王宗岳《十三勢歌》曰：「命意源頭在腰隙。」這裏的腰隙即二個腰眼，其正是腎臟所在的位置，所以中國傳統醫學認為：「腰為腎之府。」《十三勢歌》還說：「刻刻留心在腰間，腹內鬆靜氣騰然。」可見，腰、腎、氣是相互影響，相互制約的，腰強

則腎固，腎固則氣充。所以練太極拳可達到充盈腎氣、益養精血、培元固本的目的。

3. 太極拳可強健肌骨，靈活關節，暢通經絡

練太極拳首先要求立身中正，周身一家，腳手相隨，一動無有不動。其雖然沒有劇烈的運動，但運動的幅度大，範圍廣，可涉及到身體各個部位的骨骼、肌肉群和肌肉纖維。其柔和緩慢的運動過程，既可活動關節，強健骨骼。又能豐滿肌肉，同時也使韌帶組織得到鍛鍊，增強其彈性和韌性。

另外，太極拳與我國傳統的中醫經絡學有著十分密切的聯繫，練太極拳要求神意內斂，氣沉丹田，要求以心行氣，以氣運身，由內氣潛轉使周身經絡保持暢通。中醫認為：「痛則不通，通則不痛。」經絡暢通則氣血流暢。百病不侵。

武氏太極拳的源流及特點

一、武氏太極拳的源流

　　永年武氏太極拳源於河南省溫縣。永年武氏太極拳的創始人，是永年縣廣府東街武禹襄。他 1812 年生，1880 年卒，名叫河清，禹襄是其字。另外他有一個號叫濂泉。他得太極拳真傳於河南省溫縣陳清平，所傳的架子是陳氏新架。因這個架子是陳清平從趙堡鎮傳出來的，所以這個架子又名「趙堡架」。

　　關於武禹襄學習太極拳的經歷，永年廣府城西街李亦畬於清代光緒辛巳年（西元 1881 年）寫《李氏廉讓堂太極拳論》時，在其中《五字訣》前面的序文裏說：「太極拳不知始自何人，其精微巧妙，王宗岳論詳且盡矣。後傳至河南陳家溝陳姓。神而明者代不數人。我郡楊某愛而往學焉，專心致志十有餘年，備極精巧。旋里後，市諸同好，母舅武禹襄見而好之，常與比較，伊不肯輕以授人，僅得大概。素聞懷慶府趙堡鎮有陳姓名清平者，精於是技，逾年，母舅因公赴豫，過而訪焉。研究月餘而精妙始得，神乎技矣……」

　　根據上述敘述與記載，可以說明武氏太極拳的理論是

由陳氏所傳訣要，王宗岳太極拳論（武禹襄於舞陽縣鹽店得王宗岳《太極拳論》攜歸）與武禹襄、李亦畬的學習心得融合而成。武氏太極拳架子，是由陳氏「趙堡架」演變而來。

二、武氏太極拳架子的沿革

武氏所傳太極拳架子，即經李亦畬老先生傳給郝為真等的架子，可謂武氏老架。

郝為真在清末民初時，任直隸省廣平府中學堂（即後來的河北省立第十三中學校）和永年縣立小學堂（即後來的永年縣立高等小學校）武術教授時，為了便於集體教學，適合一至四呼發口令，將架式中的懶紮衣，摟膝拗步等式後面添了開合，即成郝派的「開合太極拳架子」。至郝月如南下教拳與郝少如寫《武氏太極拳譜》時，都又有增益，可謂武氏中的新架。

郝為真傳孫祿堂，孫祿堂又在郝式開合架子的基礎上，改進了步法與式法，而成為現在流行的孫式活步太極拳架。

三、武氏太極拳的特點

武氏太極拳與其他各式太極拳在理論與練法方面是一致的。現就練法的程式與重點的不同方面，簡單地談一些武氏太極拳的特點。

1. 武氏太極拳是由中架子開始教學的

武氏太極拳架子是由陳氏太極拳新架演變而來的中架子，它的勢法比大架子小，是大架子到小架子間的過渡架子。

根據太極拳先師們的經驗，練拳的程式是「先求開展，後求緊湊。」按陳式太極拳論中所說的程式是：由大圈練到小圈，由小圈練到沒圈。所謂大架子，即先求開展的架子，亦即走大圈的架子，要求大則無外；所謂小架子，即後求緊湊的架子，亦即走小圈的架子，要求小則無內。讓學拳的人由大架子一變而走小架子是有困難的，故在練習大架子以後，再練中架子，再由中架子過渡到小架子，這樣的程式使習練者容易接受。

武氏太極拳，因武禹襄和李亦畬都是清末民初的文人，不願脫去長衣（長衫，棉袍）去教練拳術，因此不教大架子而從中架子開始教學，最後亦以過渡到小架子為終點。

2. 武氏太極拳的開、合、隱、現

武氏太極拳和其他各式太極拳一樣，亦是由鬆入柔，運柔成剛，達到剛柔相濟的。但它是在鬆靜之中，暗含著開、合、隱、現的。在走架時，開則俱開，即周身骨節和肌肉群都微有開展的意思，開為發，發力的神意，微現於體外；合則俱合，即周身的骨節和肌肉群都微有收縮的意思，合為收，把運力的神意收隱於體內。

王宗岳《太極拳論》云「忽隱忽現」，說的是應用。

武氏太極拳用在練功上則是用內氣的潛轉和內勁的轉換支配外形，要求做到「外示安逸，內固精神」的由開到合，由合到開，互相轉換的漸隱、漸現。

3. 武氏太極拳是保健結合醫療的

在走架時，武氏太極拳除開、合、隱、現，使周身骨節和肌肉群進行開展、收縮、運動外，每式還結合「開呼」、「合吸」，使橫膈膜升降，起到上承、下壓的作用，促使胸、腹、臟、腑亦隨著蠕動，這樣就形成了周身骨節、肌肉群、五臟、六腑的一動無有不動，一靜無有不靜。在技擊上則是呼吸結合虛實開合變換，在神意的帶領下腰與身軀及手肘肩胯膝腳等各部方向位置的一動無有不動，一靜無有不靜。這種內外協調而統一的運動，是太極拳能夠祛病延年、強身保健的根本原因。

武氏太極拳在呼氣時還結合了古代的「踵吸法」，用呵、嘻、呼、呬、吹、嘘六個字，來分別醫治心、肝、脾、肺、腎、膽等各部位疾病，沒病的人，則用「呵」字，以健心臟，按中醫學說，心為君，心臟安健，對其他各臟腑能起到好的影響作用。念上述各字時，要求做出念某字的口型，輕微呼氣即可。發音要小到似有似無，不讓別人聽見為宜。

武氏太極拳身法概述

　　練習武氏太極拳必須有正確的身法，否則，輕則事倍功半，收效甚微，重則可導致生理傷害，遺害終生。

　　武氏太極拳對身法的要求有：提頂，吊襠，鬆肩，沉肘，含胸，拔背，裹襠，護肫，尾閭正中，騰挪，閃戰，氣沉丹田，虛實分清等十三條。下面分別述之：

　　（1）提頂：意向上虛領頂勁，自然地提領全身，頭不低，身不前俯不後仰，精神集中。

　　（2）吊襠：兩腿虛實要分清，襠如吊空一樣，臀部有前送之意，小腹有上翻之勢。

　　（3）鬆肩：兩肩要自然鬆開，不可上縱，不可用力，兩肩要自然下垂。

　　（4）沉肘：兩肘尖要自然下沉，使肩、肘和手腕都能靈活運動。

　　（5）含胸：兩臂關節鬆開。胸不可前挺，兩肩微前合，胸有內含之意，但不可前俯。

　　（6）拔背：兩肩關節要靈活，脊骨似有上脹、鼓起之意，不可低頭。

　　（7）裹襠：兩膝有內向之意，兩腿分清虛實。

　　（8）護肫：兩手各護半胸，兩脇有微微內收之意，使胸中感覺鬆快。

（9）尾閭正中：頭向上虛領頂勁，脊尾骨向前托起丹田，身不前俯後仰，不左偏右倚，百會穴和會陰穴上下自然垂直。

（10）騰挪：虛實變化自如，進退能隨機應變，有動之意而未動，即預動之勢。

（11）閃戰：動作一氣貫通，身體四面旋轉靈活，發勁迅猛，所向無敵。

（12）氣沉丹田：能夠做到含胸，拔背，鬆肩，沉肘，提頂，吊襠，尾閭正中就能以意行氣，氣能順通地自然地注入丹田，使底盤穩固。

（13）虛實分清：兩腿虛實必須分清。虛，不是完全無力。實，不是完全站煞。精、氣、神要貫注於實腿，有上領之意，身法不可散亂。

此十三條身法相輔相成，互相影響，互相滲透，對於習練太極拳至關重要。

做到了尾閭正中，便能夠「立如秤準，活似車輪」，全身輕鬆自如，才能支撐八面；不然則腰不能豎直，軸心不能穩定，不是前俯就是後仰，不是左偏就是右倚，氣不能順暢地向丹田下沉，意不能提領全身，四肢不能運動自如，弊病百出，不但對身體無益，反而有害。

例如：前俯使肺部受到擠壓，心臟同時也受到擠壓，造成肺呼吸不暢而使人體所需的氧供應不足，人體不能吐故納新；心臟受到擠壓，使血液不能暢順流通，造成新陳代謝受到影響，久之，必然危害身體。

所以，在練太極拳時脊要豎起來，有了穩定的軸心才能坐胯轉腰，才能靈活地變化，才能靈活地運用。鬆肩沉

肘，兩肩自然下垂，則肩、肘和手腕都能靈活運動，兩臂關節鬆開，胸有內含之意，兩膝內向，有護檔之意，兩手各護半胸，這就做到了含胸，拔背，裹襠，護肫。

能做到尾閭正中，鬆肩，沉肘等身法的要求，百會穴和會陰穴上下自然垂直，意能向上虛領頂勁，自然地提領全身，也就能立身正中，也就有了穩定的重心，重心在四肢的配合下，在不斷變化的運動中，完成每一個太極拳的動作，同時氣能順通地自然地注入丹田而下達，兩腳能著地生根，使底盤穩固。

每一動作，虛實應分清，不可雙重。如虛實分不清，動作就不能一氣貫通，必致散亂。身法正確，身體就能四向旋轉靈活，八面支撐得力，也就能做到騰挪閃戰，而達到得機得勢的目的。

在注重十三身法的同時應注意身體的外三合和內三合。外三合為：手與腳合，肘與膝合，肩與胯合。內三合為：神與意合，意與氣合，氣與力合。內三合為看不見的東西，只有久練，功夫到了一定的程度，才能體會到。

第二編

武氏太極拳
傳統套路圖解

武氏太極拳圖解及要領的說明

（1）本圖解中的動作圖照。是筆者的真實拳照，每式的動作說明後面均闡明其要領，以便於讀者能正確地理解和掌握。

（2）拳照姿勢動作的朝向分東、南、西、北四正方和東南、西南、西北、東北四斜角。拳照起勢面向南方。

（3）整個套路中對所有動作和姿勢的要求：在改變姿勢方向時要用實腿，以足跟為軸。足尖向裏轉動為「裏扣」，向外轉動為「外擺」。兩臂始終不可伸直，兩腿始終不可蹬直，要保持一定的彎曲度，兩手各管半個身體而不可隨便逾越，出手要高不過眼，遠不過前足尖，要求身法、步法、手法三者有機配合與統一，強調內外一致，要以內形的變化來支配外形的運動。

武氏太極拳拳式名稱順序

第 1 式　起　勢　　　　第21式　倒攆猴二

第 2 式　左懶紮衣　　　第22式　倒攆猴三

第 3 式　右懶紮衣　　　第23式　倒攆猴四

第 4 式　單　鞭　　　　第24式　手揮琵琶式

第 5 式　提手上式　　　第25式　白鵝亮翅

第 6 式　白鵝亮翅　　　第26式　左摟膝拗步

第 7 式　左摟膝拗步　　第27式　手揮琵琶式

第 8 式　手揮琵琶式　　第28式　按　式

第 9 式　左摟膝拗步　　第29式　青龍出水

第10式　右摟膝拗步　　第30式　三通背一

第11式　上步搬攔捶　　第31式　三通背二

第12式　如封似閉　　　第32式　三通背三

第13式　抱虎推出　　　第33式　單　鞭

第14式　手揮琵琶式　　第34式　雲手一

第15式　懶紮衣　　　　第35式　雲手二

第16式　單　鞭　　　　第36式　雲手三

第17式　提手上式　　　第37式　單　鞭

第18式　高探馬　　　　第38式　提手上式

第19式　肘底捶　　　　第39式　左高探馬

第20式　倒攆猴一　　　第40式　右高探馬

第二編　武氏太極拳傳統套路圖解

第 41 式　右起腳

第 42 式　左起腳

第 43 式　轉身蹬一腳

第 44 式　踐步栽捶

第 45 式　翻身二起

第 46 式　跌步披身

第 47 式　伏虎式

第 48 式　踢一腳

第 49 式　轉身蹬腳

第 50 式　上步搬攔捶

第 51 式　如封似閉

第 52 式　抱虎推山

第 53 式　手揮琵琶式

第 54 式　斜懶扎衣

第 55 式　斜單鞭

第 56 式　野馬分鬃一

第 57 式　野馬分鬃二

第 58 式　野馬分鬃三

第 59 式　手揮琵琶式

第 60 式　懶紮衣

第 61 式　單　鞭

第 62 式　玉女穿梭一

第 63 式　玉女穿梭二

第 64 式　玉女穿梭三

第 65 式　玉女穿梭四

第 66 式　手揮琵琶式

第 67 式　懶紮衣

第 68 式　單　鞭

第 69 式　雲手一

第 70 式　雲手二

第 71 式　雲手三

第 72 式　單　鞭

第 73 式　下　勢

第 74 式　更雞獨立一

第 75 式　更雞獨立二

第 76 式　倒攆猴一

第 77 式　倒攆猴二

第 78 式　倒攆猴三

第 79 式　倒攆猴四

第 80 式　手揮琵琶式

第 81 式　白鵝亮翅

第 82 式　左摟膝拗步

第 83 式　手揮琵琶式

第 84 式　按　式

第 85 式　青龍出水

第 86 式　三通背一

第 87 式　三通背二

第 88 式　三通背三

第 89 式　單　鞭

第 90 式　雲手一

第 91 式　雲手二

第 92 式　雲手三

第 93 式　單　鞭　　　　　　第 101 式　下　勢

第 94 式　提手上式　　　　　第 102 式　上步七星

第 95 式　高探馬　　　　　　第 103 式　退步跨虎

第 96 式　對心掌　　　　　　第 104 式　轉腳擺蓮

第 97 式　十字腳　　　　　　第 105 式　彎弓射虎

第 98 式　上步指襠捶　　　　第 106 式　懶紮衣

第 99 式　上步懶紮衣　　　　第 107 式　退步雙抱捶

第 100 式　單　鞭　　　　　　第 108 式　收　勢

武氏太極拳套路圖解

第1式 起 勢

動作1：面向正南，自然直立，兩腳直向前方與肩同寬，全身放鬆，兩臂自然下垂，手心向內，手指向下，兩眼向前平視，神情安舒（圖1）。

動作2：兩手和臂作內旋，兩臂向前徐徐平舉，略與肩平，然後兩手外旋，掌心向下，目視前方（圖2）。

圖1

圖2

動作 3：兩肘微屈下沉，兩手徐徐下按，至兩跨前與腰平齊，掌心向下，指尖朝前。同時兩腿微屈呈坐勢（圖3）。

要領：兩腿站立時要做到體態自然安舒，提起精神，排除雜念，頭宜正直，額微內收，虛領頂勁，兩肩鬆開，氣向下沉，並做到含胸，拔背，裹襠，護肫等身法。

第 2 式　左懶紮衣

動作 1：以右足跟為軸，右足尖微向裏扣。腰微向左轉，兩腿開始分虛實，身體坐於右腿，面向東南，兩腿為右實左虛，兩臂同時向上掤提，兩手要有內含之意（圖4）。

圖 3

圖 4

動作 2：左腿向東南方邁步，足跟著地，足趾上翹，兩腿仍為右實左虛，同時兩臂繼續向前上方掤擠，左手要高不過眼，遠不過前足尖；右手提至胸前與左肘平齊，面向東南，目視前方（圖 5）。

　　動作 3：右足跟蹬地，左腿前弓，左足掌落平，身體前移。同時兩手豎掌，徐徐向前推出（圖 6）。

　　動作 4：右足向前跟步，至左足踵右後方，足趾點地。同時兩手向內合，兩腿為左實右虛，目視前方（圖 7）。

　　要領：運動時兩腿要分清虛實，身體不可偏倚。兩手上提時要有吸引對方來勢之意，還要有提領腿足的邁步之意；兩手下落時，兩肩要有抽吸之意，胸的左右部分要有指揮兩手的運動的意思，胸臂之間要有圓活之趣；跟步時上下要協調相隨，身法保持不變。

圖 5

圖 6

圖 7

圖 8

第 3 式　右懶紮衣

動作 1：以左足跟為軸，左足尖微向內扣，身體轉向正南，兩腿仍為左實右虛，兩手同時內含至胸前如抱球狀，面向正南方（圖 8）。

動作 2：身體微向右轉，右腿向西南方邁步，足跟著地，足尖上翹，同時兩手向前上方掤擠，右手高不過眼，遠不過前足尖，左手至胸前與右肘平齊，目視西南方（圖 9）。

圖 9

圖 10 圖 11

動作 3：左足跟蹬地，右腿前弓，右足掌落平，身體前移，同時兩手豎掌徐徐向前推出（圖 10）。

動作 4：左足向前跟步至右足踵左後方，以足趾點地，同時兩手向內合，兩腿為右實左虛，目視前方（圖11）。

要領：與第 2 式左懶紮衣相同。

第 4 式　單　鞭

動作 1：以右足跟為軸，右足尖內扣，腰向左轉，面向正南，雙手同時內合抱於胸前，兩腿仍為右實左虛（圖12）。

動作 2：左足向左橫出一步，左足跟著地，足尖上翹，同時兩手徐徐向左右分開，並與兩足上下合齊，目視

圖 12

圖 13

左手（圖 13）。

　　動作 3：右足跟蹬地，左
腿前弓，腰微向左轉，兩手繼
續左右分開，左手豎掌高不過
眼，右手平掌指尖朝前與肩相
平，目視左手前方（圖
14）。

　　要領：轉動身體時須保持
穩定，邁左步時，右腿要精神
貫注，右足蹬地前先要有蓄勁
之勢，身體須保持中正，同時
要注意鬆肩，沉肘，含胸，拔
背，氣沉丹田等身法。

圖 14

圖 15 　　　　　　　　　　圖 16

第 5 式　提手上式

動作 1：以左足跟為軸，左足尖裏扣，腰向右轉，面向正南，兩腿為左實右虛，同時兩手內合（圖 15）。

動作 2：右足左移，提懸於左足旁，足尖點地。同時左手從身體左側畫弧至頭上左側，右手弧形下落至右跨前，面偏向西南，目視前方（圖 16）。

要領：左手上舉時，左肩不可隨之上聳而要往下鬆沉，右手向下不可有丟塌之勢，注意上下協調一致，身法不可散亂。

第 6 式　白鵝亮翅

動作 1：右腿向西南方邁步，足跟著地，足尖上翹，兩

圖 17

圖 18

腿仍為左實右虛（圖 17）。

　　動作 2：左足跟蹬地，右
足掌落平，右腿前弓，同時右
手從胸前弧形上掤，至頭頂前
上方，左手由右小臂內弧形下
落至胸前，向前推出，目視前
方（圖 18）。

　　動作 3：左足向前跟步，
至右足踵左後方，足趾點地，
兩腿為右實左虛，兩手同時有
內合之意，目視前方（圖
19）。

　　要領：右手上掤時，右胸

圖 19

圖 20　　　　　　　　圖 21

要有下沉之意，要注意鬆肩、沉肘。左手推出時，右手不可鬆懈丟塌，身體要保持中正。

第 7 式　左摟膝拗步

　　動作 1：以右足跟為軸，右足尖內扣，腰向左轉，左腿向東北方邁步，足跟著地，足尖上翹，兩腿為右實左虛，兩手同時內合，左手弧形向左下落，右手在右額旁，面向正東（圖 20）。

　　動作 2：右足跟蹬地，左足掌落平前弓左腿，左手經腹前向左下方按至左胯旁，手心向下，右手出耳旁下落經胸前豎掌向前推出，手與口平，目視前方（圖 21）

　　動作 3：右足前跟至左足踵右後方，足尖點地，兩腿為左實右虛（圖 22）。

圖22　　　　　　　　圖23

　　要領：轉身時要以目光領先，在左手摟膝時右手與右肩要相吸相合，有引蓄之勢，右手推出時，手掌要有沉著之意，跟步時周身要有收合之意。

第8式　手揮琵琶式

　　動作1：右腿向後退半步坐實，左腿隨右腿後退變為左虛步。左足趾點地，同時右手向後下落至右腹前，左手向上畫弧，與肩相平，面向東，目視前方（圖23）。

　　要領：右股在右足後退踏平後，須立刻精神貫注，右股得力時，方可收左足，注意鬆腹，腰圍放寬有擴展之意。

第9式　左摟膝拗步

　　動作1：左足向東北方邁步，足跟著地，足尖上翹，

圖 24　　　　　　　　　圖 25

同時左手向左下弧形下落，右手向外上弧形上提至頭右側，目視前方（圖24）。

　　動作2：同第7式摟膝拗步動作2（圖25）。

　　動作3：同第7式摟膝拗步動作3（圖26）。

　　要領：同第7式摟膝拗步。

第10式　右摟膝拗步

　　動作1：以左足跟為軸，足尖內扣，腰向右轉，右足向東南方邁步，足跟著地，足尖上翹，同時右手出前上向右下弧形下落，左手由左下弧形上提至頭左側，面向正東，目視前方（圖27）。

　　動作2：左足跟蹬地，右足掌落平，前弓右腿，右手繼續向右下摟至右膝外，左手由頭左側弧形畫至胸前豎掌推出，視前方左手（圖28）。

圖 26

圖 27

圖 28

圖 29

動作 3：左足向前跟步，至右足踵左後方點地，兩腿為右實左虛。同時兩手有內合之意（圖 29）。

圖 30   圖 31

要領：同第 7 式摟膝拗步。

第 11 式　上步搬攔捶

動作 1：左腿向前邁步，足跟著地，足趾上翹，同時右手握拳至右胯旁，拳眼向外，左手豎掌向前攔擋，目視前方左手（圖 30）。

動作 2：左腿前弓，左足掌落平，腰向左轉，面向正東，同時右拳向前進擊至左手右邊止，拳心朝下（圖 31）。

動作 3：右足向前跟步，至左足踵右後方，足尖點地，兩腿為左實右虛，兩手有內合之意（圖 32）。

要領：左手前伸要有提領左足邁步之意，右手擊拳時，右肘要有沉著之意，同時要注意身體的虛實和折疊的轉換。

圖 32

圖 33

第12式　如封似閉

動作 1： 右腿退半步後坐，左足收回至右足左前方，以足趾點地，兩腿為右實左虛，同時左手從右腕下穿出，兩腕相交成十字形，向後收至胸前，右拳變為掌，面向正東（圖33）。

動作 2： 右足跟蹬地，左足向前邁步，前弓左腿。同時兩手下按，向前搓推，掌心向前，手指向上，目視前方（圖34）。

圖 34

圖 35　　　　　　　　　　　　圖 36

動作 3：右足向前跟步，至左足踵右後方，足趾點地，兩腿為左實右虛，兩手同時放鬆內合（圖 35）。

要領：退步時，身體要保持穩定，兩臂要注意沉肘，邁步前，實腿要精神貫注，邁步時，要有如履薄冰之意，兩手向前推時要有沉著之意，要鬆肩沉肘。

第 13 式　抱虎推山

動作 1：右足向後方退步。腰向右轉，同時右手向右平於胸前，左手向右內含豎掌，面向南方（圖 36）。

動作 2：以左足跟為軸，足尖內扣，腰繼續右轉，右足向西北方邁步，足跟著地，足趾上翹，同時右手隨身向右後畫弧收於右胯前，左手隨身向前轉動，面向西北（圖 37）。

動作 3：左足跟蹬地，右足掌落平，前弓右腿，同時

圖 37

圖 38

右手向外擴展，左手豎掌向前
推出（圖38）。

　動作4：左足向前跟步，
至右足踵左後方，足趾點地，
同時兩手向內合，目視前方
（圖39）。

　要領：身體向後轉動時要
保持身體的穩定，兩手運動要
有引化之意，全身上下要協調
相隨，右手抱虎之勢要飽滿，
左手前推要沉著，跟步時，周
身要有收合之意。

圖 39

圖 40　　　　　　　　圖 41

第 14 式　手揮琵琶式

動作 1：左足後移半步坐實，腰向左轉，右足隨腰左移，落至左足右前方，足趾點地。同時左手向後擺；右手向下按，略高與肩平，手指尖與前足上下相齊，面向正西，目視前方（圖 40）。

要領：同第 8 式手揮琵琶式。

第 15 式　懶紮衣

動作 1：右腿向前邁步，足跟著地，足趾上翹，兩腿為左實右虛，同時兩臂向前上掤起，右手高不過眼，遠不過腳，左手至胸前，與右肘平齊，目視前方（圖 41）。

動作 2：左足跟蹬地，右足掌落平，前弓右腿，同時

圖42

圖43

兩手豎掌坐腕前推；。面向正
西（圖42）。

　動作3：左足向前跟步，
至右足踵左後方，足趾點地，
兩腿為右左實左虛，同時兩手
內合，目視前方（圖43）。

　要領：同第2式左懶紮
衣。

第16式　單　鞭

　動作：與第4式單鞭動作
相同（圖44～圖46）。

　要領：與第4式單鞭要領相同。

圖44

圖 45　　　　　　　　　　圖 46

第 17 式　提手上式

動作與第五式提手上式動作 1 和動作 2 相同。要領也相同（圖 47、圖 48）。

第 18 式　高探馬

動作 1：右腿向前邁步，足跟著地，足趾上翹，兩腿為左實右虛。同時右手向前上掤托至腹前，左手向前推出，兩手有內合之意，面向正南，目視前方（圖 49）

動作 2：左足跟蹬地，右足掌落平，前弓右腿，同時左手向前推出，至前足齊，左足向前稍跟，足尖點地，兩腿為右實左虛（圖 50）。

要領：胸的左右部分要有指揮兩手運動的意思，全身

圖 47

圖 48

圖 49

圖 50

圖 51 　　　　　　圖 52

上下要協調相隨，要注意折疊的要求。

第 19 式　肘底捶

動作 1：右足以足跟為軸內扣，腰向左轉，面向正東。同時左手內合，右手變拳至腰際，兩腿仍為右實左虛（圖 51）。

動作 2：腰向左轉，同時左手豎掌上托，右拳從腰際擊至左肘下，左腿提起，足趾點地，面向正東，目視前方（圖 52）。

要領：左手上托時要注意鬆肩沉肘，身體左轉時右腰眼要將左腰眼托起，同時必須鬆腹，上下要協調一致，身體不可前俯後仰。

圖 53 附圖 53

第 20 式　倒攆猴(一)

　　動作 1：左足向左後方退步，足尖點地，右足以足跟為軸內扣，腰向左轉，左腿向西北方邁步，足跟著地，足趾上翹，兩腿為右實左虛；同時左手隨腰轉動落至胸前，右手變掌向後上畫弧，提至右耳齊，面向西北（圖 53、附圖 53）。

　　動作 2：右足跟蹬地，左足掌落平，左腿前弓，身體前移，同時左手隨身轉動，右手豎掌向前推出，目視前方右手（圖 54、附圖 54）。

　　動作 3：右足向前跟步，至左足踵右後方，足趾點地，兩腿為左實右虛。同時兩手內合（圖 55、附圖 55）。

　　要領：兩手運動要與身體左轉協調進行，胸臂之間須有圓活之趣，身體須保持穩定。

圖 54

附圖 54

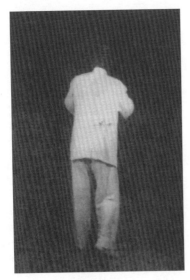

圖 55

附圖 55

圖 56   圖 57

第 21 式　倒攆猴(二)

動作 1：右足向左足後方移半步，足尖先點地，然後左足以足跟為軸，足尖內扣，腰向右轉，面向東方，同時右手隨腰向右後方掤化，左手向上畫弧，內合至右耳齊（圖 56）。

動作 2：左足繼續內扣，腰向右轉，轉至面向西南，右足向西南方邁步，足跟著地，足趾上翹，兩腿為左實右虛。同時右手隨腰轉向右後方掤化，左手豎掌向胸前推出，目視前方（圖 57）

動作 3：左足跟蹬地，右足掌落平，前弓右腿，同時右手向右拙化至右胸前，左手豎掌從胸前推出，面向西南，目視前方（圖 58）。

動作 4：左足向前跟步，至右足踵左後方，足趾點地，

圖 58

圖 59

兩腿為右實左虛，同時兩手內合，目視前方（圖 59）。

　　要領：與第 20 式倒攆猴相同。

第 22 式　倒攆猴(三)

　　與第 20 式動作相同，要領也相同（圖 60～圖 62）。

第 23 式　倒攆猴(四)

　　與第 21 式動作相同，要領也相同（圖 63～圖 66）。

圖 60

圖 61

圖 62

圖 63

圖 64

圖 65 　　　　　　　　圖 66

第 24 式　手揮琵琶式

動作 1：左腿向後退半步坐實。右腿後移，足趾點地，兩腿為左實右虛，同時左手向後攦至左腹前，右手向前上弧形下按，與肩相平，面向西南（圖 67）。

要領：與第 8 式手揮琵琶式相同。

第 25 式　白鵝亮翅

與第 6 式白鵝亮翅動作相同，要領也相同（圖 68～圖 70）。

圖 67

圖 68

圖 69

圖 70

圖 71　　　　　　　　　　圖 72

第 26 式　左摟膝拗步

與第 7 式摟膝劫步動作相同。要領也相同（圖 71～圖 73）。

第 27 式　手揮琵琶式

與第 8 式手揮琵琶式動作相同，要領也相同（圖 74）。

第 28 式　按　式

動作 1：右手畫弧外旋上提至右側，左手由胸前徐徐向左下畫弧至左胯前，兩腿仍為右實左虛（圖 75）

動作 2：左手下落，弧形外撥至膝外側，右手隨右腿下蹲之勢，身體下落而下按至兩膝前下方，手心偏向下，指尖朝前，目視前方（圖 76）。

圖 73

圖 74

圖 75

圖 76

圖 77

圖 78

要領：兩手要角順著對方來勢引近胸前之意，兩腿須順勢下蹲；身體前俯但不可前衝，右腿須保持精神貫注，胸背須鬆沉，目光不可俯視地面。

第 29 式　青龍出水

動作 1：右手從下向上掤起至右額側，左手提至胸前，同時左腿向前邁步，足跟著地，足尖上翹，兩腿仍為右實左虛（圖 77）。

動作 2：右足跟蹬地，左足掌落平，前弓左腿，同時左手向前推出，目視正東前方（圖 78）。

要領：上身直起時須保持身法正確，兩手上舉要先寓下意，左手前推要有沉著之意，右手要有上升之意，右肩要往下鬆沉，周身上下要協調相隨。

圖 79 圖 80

第 30 式　三通背 (一)

動作 1：以左足跟為軸，左足尖向內扣 135 度，右足隨身外擺轉至面向西方，右足提起至左足右前方，足跟著地，足尖上翹，同時左手畫弧至頭部左上側，右手畫弧至額前，目視前方（圖 79）。

動作 2：左足跟蹬地，右足掌落平，前弓右腿，同時兩手前推，目視正西前方（圖 80）。

要領：轉身時身體要保持穩定，兩手與身體的轉動協調進行，同時須注意折疊轉換。

圖 81　　　　　　　　　　圖 82

第 31 式　三通背(二)

　　動作 1：以右足跟為軸，足尖向外微擺，腰向右轉，兩手同時向下後按搌至右腹前，左腳跟步至右足踵左後方，兩腿為右實左虛，目視前方（圖 81）。

　　動作 2：左腿向西南方邁步，足跟著地，足趾上翹，兩手同時向前掤擠，左手高不過眼，遠不過前足尖，右手在胸前與左肘相平，目視前方左手（圖 82）。

　　動作 2：右足跟蹬地，左足掌落平，前弓左腿，同時兩手前推，目視西南前方（圖 83）。

　　要領：右腿要有支配左腿向前邁步之意，著地要有如履薄冰之感，兩手不可妄動，其他要領與第 2 式懶紮衣相同。

圖 83

圖 84

第 32 式　三通背（三）

動作 1： 以左足跟為軸，足尖向外微擺，腰向左轉，兩手同時向下後按擺至左腹前，右腿跟步至左足踵右後方，兩腿為左實右虛，目視前方（圖84）。

動作 2： 右腿向西北方邁步，足跟著地，足趾上翹，兩手同時向前掤擠，右手高不過眼。遠不過前足尖，左手在胸前與右肘相平，目視前方右手（圖85）。

圖 85

圖 86　　　　　　　　圖 87

　　動作 3：左足跟蹬地，右足掌落平。前弓右腿，同時兩手前推，目視西北前方（圖 86）。

　　動作 4：左足前跟至右足踵左後方，足尖點地，兩腿為右實左虛，同時兩手內合，目視前方（圖 87）。

第 33 式　單　鞭

　　與第 4 式單鞭動作相同，要領也相同（圖 88～圖 90）。

第 34 式　雲手(一)

　　動作 1：右腿後坐，身體後移，左足隨身動收至右足旁，以足趾點地，兩腿為右實左虛，左手向下畫弧落至左胯前，右手向上畫弧至頭右上側，面向東南（圖 91）。

圖 88

圖 89

圖 90

圖 91

圖 92　　　　　　　　　圖 93

　　動作 2：左足向前邁步，以足跟著地，足尖上翹，同時左手向右經胸前向上畫弧至頭部左方，右手向下畫弧至右胯旁，目視左手（圖 92）。

　　動作 3：右足跟蹬地，左足掌落平，前弓左腿，同時左手向左前推出，右手至腹前，面向東南（圖 93）。

　　動作 4：以左足跟為軸，足尖向內扣，腰向右轉，身體轉至面向西南，右足跟著地，足尖上翹，兩腿為左實右虛，同時左手向下畫弧至左胯旁，右手向上經胸前至頭部右前方，目視右手（圖 94）。

　　動作 5：右足跟蹬地，拔腰，右手坐腕前推，左手至腹前右側，面向西南，目視前方右手（圖 95）。

　　要領：後退前右腿要精神貫注。並要做到豎尾，提頂吊襠，含胸拔背，鬆腹等身法要求。兩手要協調配合，上

圖 94

圖 95

下須協調一致。

第 35 式　雲手(二)

　　與第 34 式雲手動作基本相同，要領也相同（圖 96～圖 100）。

圖 96

圖 97　　　　　　　　圖 98

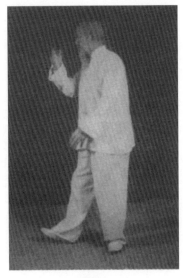

圖 99　　　　　　　　圖 100

圖 101

圖 102

第 36 式　雲手(三)

　　與 35 式雲手動作相同，
要領也相同（圖 101～圖105）

圖 103

圖 104　　　　　　　　圖 105

圖 106

第 37 式　單　鞭

　　與第 4 式單鞭動作相同，要領也相同（圖 106 ～ 圖 108）。

第 38 式　提手上式

　　與第 5 式提手上式動作相同，要領也相同（圖 109、圖 110）。

圖 107

圖 108

圖 109

圖 110

圖 111　　　　　　　　圖 112

第 39 式　左高探馬

動作與第 18 式高探馬動作相同，要領也相同（圖
111、圖 112）。

第 40 式　右高探馬

動作 1：以右足跟為軸，足尖內扣，腰向左轉，身體
面向東北，左腿向前邁步，足跟著地，足趾上翹，同時右
手向上隨身左轉畫弧至胸前，左手向下畫弧至右腹前，手
心向上，目視前方（圖 113）。

動作 2：右足跟蹬地，左足掌落平，前弓左腿，同時
右手豎掌向前推出，與前足齊；左手向前挪托至右手下，
面向東北，目視前方（圖 114）。

圖 113

圖 114

要領：與第 18 式高探馬
相同。

第 41 式　右起腳

動作 1：以左足跟為軸，
足尖內扣，身體右轉至面向正
東，右足前跟，足尖點地，兩
腿為左實右虛，同時兩手內合
（圖 115）。

圖 115

圖116　　　　　　　　圖117

　　動作2：兩手在胸前交叉，右手在外，左手在內，同時右膝上提，與右胯平（圖116）。

　　動作3：右足向前上方踢出時，兩手分開向左右分劈（圖117）。

　　要領：右足踢起時，左腿要支配右足的屈伸，右足之背要繃平。上下肢運動時，周身要有收合之意，兩手與右腿要有包涵左腿之意，即所謂「三虛包一實」。

第42式　左起腳

　　動作1：右腿落地變為實腿，左腿變虛，同時兩手下按。與小腹平，目視前方（圖118）。

　　動作2：右足尖微向內扣，左膝上提與左胯平，同時兩手交叉上抬至胸前，左手在外，右手在內，手心向內，

圖 118

圖 119

目視前方（圖 119）。

　　動作 3：左足向前上方踢
出，同時兩手分開向左右畫弧
分劈（圖 120）。

　　要領：與右起腳相同，唯
方向角度不同。

圖 120

圖 121　　　　　　　　圖 122

第 43 式　轉身蹬一腳

動作 1：左足內收至右足蹬左後方，足尖著地，右足尖內扣，腰向左轉，面向西北，同時兩手內合交叉於胸前，左手在外，右手在內。兩手心向內，目視前方（圖121）

動作 2：左膝上提，左足跟用力前蹬，高不過小腹，同時兩手分開向左右畫弧分劈，目視正西前方（圖122）。

要領：身體轉動時，左胸要虛空，要用右腰眼托起左腰眼；蹬腳前，周身要有收合之意。蹬腳時，右腿須支配左腿的運動，上下要協調一致，身法保持不變。

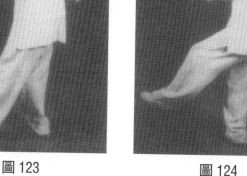

圖 123　　　　　　　　圖 124

第44式　踐步栽捶

動作1：左足落地於身前，腳跟著地，兩手內合（圖123）。

動作2：右足前進一步占左足位置，左足同時向前邁步，兩手內合，目視前方（圖124）。

動作3：左腿落地前弓，右足向前跟半步，足尖點地，同時上身前俯趁勢下蹲，右手變拳向後畫弧，經頭右側向前下擊出，拳心朝裏，左掌經左跨旁按於左腿外側（圖125）。

要領：兩手的動作要由兩胸來指揮，栽拳時，腹背仍要鬆開，使氣貼背下沉，身體前俯而不可前衝，在練習該式過程中，動作須連貫一致，上下相隨，中間不可停頓。

圖 125　　　　　　　　圖 126

第 45 式　翻身二起

動作 1：身體直起，以左足跟為軸，向右後翻轉，左足尖內扣 135 度後坐實左腿，右足以足趾點地隨身轉，足尖轉至正東，同時右拳隨翻身上舉經面前向右後方下落至胸前變掌，左手也隨右手經面前向上向後至頭上，面對正東方（圖 126）。

動作 2：右足尖稍向外擺後踏平，兩腿變為右實左虛，左足向前邁步，左腿略前弓，兩腿變為左實右虛，同時左手前擺，右手向下落於胯旁，目視前方（圖 127）。

動作 3：右腿向前上方踢起，右手同時向前拍打右足面，左手向下向後落於左胯旁，目視前方右手（圖 128）。

要領：身體直起時，左腿仍須精神貫注；身體向後轉

圖 127

圖 128

時，身、手、步要協調相隨；右足提起前，須換勁豎尾；提起時，身體不可前俯後仰，要保持中正；踢腳時，右足背要有捆勁，身法須保持不變。

第46式　跌步披身

動作1：右足下落占左足位置，左足向左後方跌步，兩腿仍為左實右虛，同時兩手向後下畫弧擺按至小腹前，面向正東（圖129）。

圖 129

圖 130　　　　　　　　　圖 131

　　動作 2：左足跟蹬地，右腿前弓，身體隨之前移。同時兩手向下向上向前畫圓前推，右手高與肩平，左手至胸前與右肘齊，目視前方（圖 130）。

　　要領：退步肘，須注意虛實腿的轉換，兩手向下向後畫弧要有據意，上下運動須協調相隨，後退時向前之意不可丟。

第 47 式　伏虎式

　　動作：右足向後退步至左足右後方，坐實右腿，左腿虛，同時右手向下向後向上變拳至頭前方。左手向下向後變拳至小腹前，目視前方（圖 131）。

　　要領：退步時，前意不可丟，要注意身體的折疊轉換，兩手上下要協調相隨，身法保持不變。

圖 132

圖 133

第 48 式　踢一腳

動作 1：左膝上提與左胯平，足尖朝下方。兩腿為右實左虛，同時兩手變掌內合交叉於胸前，左手在外，右手在內，掌心向內，面向東，目視前方（圖 132）。

動作 2：左足向前上方踢出，兩掌同時向左右分開，左手高與肩平，右手略低，面仍對東方（圖 133）。

要領：兩手外分，周身要有鬆沉之意，踢腳時，左足背要有掤勁，身體不可前俯後仰，身法保持不變。

第 49 式　轉身蹬腳

動作 1：左腿下落至右足前右方，足尖點地，同時兩手內合交叉至胸前，身轉向正南方（圖 134）。

動作 2：兩足同時向右轉，面對東北方，左足跟踏

圖 134　　　　　　　　　　圖 135

平，兩腿為左實右虛，目視前方（圖 135）。

　　動作 3：右膝上提，與右胯平，足尖朝前下方，目視前方（圖 136）。

　　動作 4：隨後右足跟前蹬，兩手同時向左右畫弧分開，面向東北，目視前方（圖 137）。

　　要領：右腿上提要與兩手的收合協調進行，周身仍須保持中正。

第 50 式　上步搬攔捶

　　動作 1：右腿下落至前右方，兩腿為左實右虛，兩手同時內合至胸前，目視前方（圖 138）。

　　動作 2：左腿向前邁步，身體前移，兩腿為右實左虛，同時右手變拳收至腰際，左手豎掌向前推攔，目視左

圖 136

圖 138

圖 137

圖 139

手前方（圖 139）。

圖 140

圖 141

圖 142

動作 3：右足跟蹬地，左腿前弓，身體前移，同時右拳從腰際向前平擊，與右手齊，面向正東（圖 140）。

要領：右腿落地精神貫注後，左足才可上步，胸的左右部分要有指揮兩手運動之意，其他與第 11 式要領相同。

第 51 式　如封似閉

與第 12 式如封似閉動作相同，要領也相同（圖 141～圖 143）。

圖 143　　　　　　　　　圖 144

第 52 式　抱虎推出

與第 13 式抱虎推山動作相同，要領也相同（圖 144～圖 146、附圖 145）。

第 53 式　手揮琵琶式

與第 14 式手揮琵琶式動作相同，要領也相同。唯方向角度略異，本式是面對西北方（圖 147）。

圖 145

附圖 145

圖 146

圖 147

圖 148

圖 149

第 54 式　斜懶紮衣

　　與第 15 式懶紮衣動作、
要領相同，唯方向、角度不
同，本式的邁步方向是西北
（圖 148～圖 150）。

圖 150

圖 151

圖 152

圖 153

第 55 式　斜單鞭

　　與第 4 式單鞭動作、要領相同，唯方向、角度略偏。本式面對正南方，胸部朝南略偏西（圖 151～153）。

圖 154

圖 155

第 56 式　野馬分鬃 (一)

動作 1：以左足跟為軸，左足尖向內扣，腰微向右轉，面向西方，右腿帶至左足內斜前方，足尖點地，同時兩手內合，左手至頭上左側，右手下落至腹前，手心向左胯處，目視前方（圖 154）。

動作 2：右足向西北方邁步，足跟著地，足趾上翹，兩腿為左實右虛，兩手也內合至胸前，左手在上，右手在下，手心相對，同時身體略向右轉（圖 155）。

動作 3：左足跟蹬地，右足掌落平，前弓右腿，同時右手向右側前上方掤起，略高於肩，左手向左下至左胯前，目視前方（圖 156）。

要領：上步時，身體要穩定，兩手運動要有圓活之趣，身體要上下協調相隨，保持身法不變。

圖 156　　　　　　　　圖 157

第 57 式　野馬分鬃 (二)

圖 158

動作 1：左足前跟並向西南方邁步，足跟著地，足尖上翹，兩腿為右實左虛，同時兩手合於胸前，右手在上，左手在下，兩手心相對，目視前方（圖 157）。

動作 2：右足跟蹬地，左足掌落平，前弓左腿，身體前移，同時左手向左前上方繃起，略與肩平，右手向右下畫弧至右胯前。面向正西（圖 158）。

圖 159

圖 160

要領：與第 56 式相同。

第 58 式　野馬分鬃

（三）

動作 1、動作 2：與第 57 式野馬分鬃動作、要領相同，唯方向角度不同（圖 159、圖 160）。

動作 3：左足跟至右足左後方，足尖點地，同時兩手相合，右手在上。手心向下，左手在下。手心向上，目視前方（圖 161）。

圖 161

圖 162

圖 163

圖 164

第 59 式　手揮琵琶式

與第 14 式手揮琵琶式動作、要領相同（圖 162）。

第 60 式　懶紮衣

與第 15 式懶紮衣動作、要領相同（圖 163～圖 165）。

第 61 式　單　鞭

與第 4 式單鞭動作、要領相同（圖 166～圖 168）。

圖 165

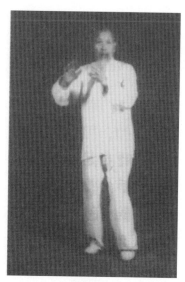

圖 166

圖 167

圖 168

圖 169　　　　　　　　圖 170

第 62 式　玉女穿梭（一）

動作 1：以左足跟為軸，足尖向內扣，腰向右轉，面向西南，同時右足外擺，右腿略前弓，右手外旋上掤，左手向下內畫圓至左胯旁（圖 169）。

動作 2：左腿前跟至右足踵左後方，足尖點地，同時左手畫弧上掤至胸前，右手畫弧下行至左手內側，目視前方（圖 170）。

動作 3：左腿向前邁步前弓，同時左手向上掤至額上前方，右手豎掌從胸前推出，面向西南（圖 171）。

第 63 式　玉女穿梭（二）

動作 1：右足向前跟步，至左足踵後方，以足尖點地，

圖 171

圖 172

兩腿為左實右虛。右腿向後退
半步，坐實（圖 172）。

動作 2：以左足跟為軸，
足尖向內扣，腰向右轉。轉至
面向東南。右腿向東南方邁
步，同時兩手內合，右手隨轉
身上掤至肩平，左手下落至胸
前，目視前方（圖 173）。

動作 3：右腿向前弓步，
身體前移，同時右手向上掤至
額前上方，左手豎掌向前推
出，目視前方（圖 174）。

圖 173

圖 174　　　　　　　　　　　圖 175

　　動作 4：左足向前跟步，至右足踵後方，以足尖點地，兩腿為右實左虛，同時兩手內合，面向東南（圖 175）。

第 64 式　　玉女穿梭（三）

　　動作 1：以右足跟為軸，足尖向內扣，腰向左轉，身體轉向東北，左腿向前邁步並前弓，同時左手外開上掤至額前上方，右手下落至胸前向前推出，目視前方（圖 176）。

　　動作 2：右足向前跟步，至左足踵後方，以足尖點地，兩腿為左實右虛，同時兩手內合（圖 177）。

第 65 式　　玉女穿梭（四）

　　動作 1：右足向左足後方退步，成虛步，面向東南（圖 178）。

圖 176

圖 177

圖 178

圖 179　　　　　　　　圖 180

　　動作 2：以左足跟為軸，足尖內扣，腰向右轉，身體轉至面向西北，同時右腿向前邁步，足跟著地，足趾上翹，右手向上掤至肩平。左手內合下落至胸前，目視前方（圖 179）。

　　動作 3：左足跟蹬地，右足掌落平，前弓右腿，同時右手外開上掤至額前上方，左手豎掌從胸前推出，面向西北，目視前方（圖 180）。

　　動作 4：左足向前跟步，至右足踵後左側，以足尖點地，兩腿為右實左虛，同時兩手內合（圖 181）。

　　要領：注意步法的虛實變化和身體的折疊轉換，兩手運動要與兩胸相繫相吸，不可離得太遠，要注意鬆肩沉肘，運動過程必須連貫協調，身法不可散亂，第 62、第 63、第 64、第 65 式要領相同。

圖 181

圖 182

第 66 式　手揮琵琶式

與第 14 式手揮琵琶式動作、要領相同（圖 182）。

第 67 式　懶紮衣

與第 15 式懶紮衣動作、要領相同（圖 183～圖185）。

圖 183

圖 184

圖 185

圖 186

第 68 式　單　鞭

與第 4 式單鞭動作、要領相同（圖 186～圖 188）。

圖 187

圖 188

第 69 式　雲手(一)

與第 34 式雲手動作、要領相同（圖 189～圖 193）。

圖 189

圖 190

圖 191

圖 192

圖 193

圖 194

圖 195

第 70　雲手(二)

與第 35 式雲手動作、要領相同（圖 194 ～ 圖 198）。

圖 196

圖 197　　　　　　　　圖 198

第 71 式　雲手(三)

　　與第 35 式雲手動作、要
領相同（圖 199～圖 203）。

圖 199

圖 200

圖 201

圖 202

圖 203

圖 204

圖 205

圖 206

第 72 式　單　鞭

與第 37 式單鞭動作、要領相同（圖 204～圖 206）。

第 73 式　下　勢

動作：右腿後坐，身體後移，兩腿變為右實左虛，右腿下蹲，左足尖不得上翹，同時兩臂下落，目視前方（圖207）。

圖 207

圖 208

第 74 式　更雞獨立 (一)

動作 1：右足跟蹬地，左腿前弓，身體前移，同時左手向上掤至肩平，右手向下畫弧至右胯前，面向正東（圖208）。

動作 2：右腿向前跟步並上提至膝與胯平，左腿變實要精神貫注，同時右手向上畫弧豎掌至面前，手心向左，左手向下按至左胯側，手心向下，目視前方（圖209）。

圖 209

第二編　武氏太極拳傳統套路圖解

圖 210　　　　　　　　　圖 211

第 75 式　更雞獨立（二）

動作 1：右腿下落踏平並坐實，左腿提足變虛，右手同時下按至右胯側，手心向下，面向正東（圖 210）。

動作 2：左腿上提至膝與胯平，兩腿為右實左虛，右實腿要精神貫注，同時左手豎掌至面前，手心向右，目視前方（圖 211）。

要領：實腿要做到精神貫注，鬆腹豎尾，虛腿方可提起，提腿時，足面須有繃勁，兩手運動與兩腿要上下協調相隨，身體不可偏倚，要支撐八面。

圖 212

圖 213

第 76 式　倒攆猴(一)

　　動作 1：左腿下落，以足尖點地，右足以足跟為軸足尖內扣，身體左轉，左腿向西北方邁步，足跟著地，足趾上翹，同時左手向下隨身轉動至胸前，右手向後上畫弧提至耳右旁，目視前方（圖 212）。

　　動作 2、動作 3：與第 20 式倒攆猴動作 2、動作 3 相同，要領也相同（圖 213、圖 214）。

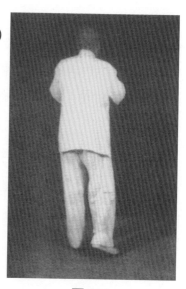

圖 214

圖 215

圖 216

第 77 式　倒攆猴 (二)

與第 21 式倒攆猴動作相同，要領也相同（圖 215～圖 218）。

第 78 式　倒攆猴 (三)

與第 20 式倒攆猴動作相同，要領也相同（圖 219～圖 221）。

圖 217

圖218

圖219

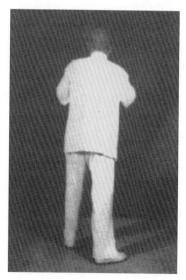

圖220

圖221

圖 222　　　　　　　　　　圖 223

第 79 式　倒攆猴㈣

同第 21 式倒攆猴動作相同，要領也相同（圖 222～圖 225）。

第 80 式　手揮琵琶式

與第 24 式手揮琵琶式動作、要領相同（圖 226）。

第 81 式　白鵝亮翅

與第 6 式白鵝亮翅動作相同，要領也相同（圖 227～圖 229）。

圖 224

圖 225

圖 226

圖 227

圖 228

圖 229

圖 230

第 82 式　左摟膝拗步

　　與第 7 式摟膝拗步動作相同，要領也相同（圖 230～圖 232）。

圖 231

圖 232

第 83 式　手揮琵琶式

與第 8 式手揮琵琶式動作、要領相同（圖 233）。

圖 233

圖 234　　　　　　　　圖 235

第 84 式　按　式

與第 28 式按式動作相同，要領也相同（圖 234、圖 235）。

第 85 式　青龍出水

與第 29 式青龍出水動作相同，要領也相同（圖 236、圖 237）。

第 86 式　三通背(一)

與第 30 式三通背動作相同，要領也相同（圖 238、圖 239）。

圖 236

圖 237

圖 238

圖 239

圖 240

圖 241

圖 242

第 87 式　三通背(二)

與第 31 式三通背動作相同，要領也相同（圖 240～圖 242）。

第 88 式　三通背(三)

與第 32 式三通背動作相同，要領也相同（圖 243～圖 246）。

圖 243

圖 244

圖 245

圖 246

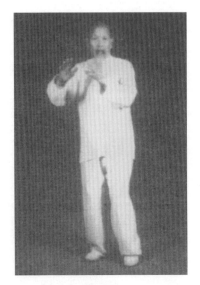

圖 247

圖 248

圖 249

第 89 式 單 鞭

與第 4 式單鞭動作相同，
要領也相同（圖 247～圖
249）。

圖 250

圖 251

第 90 式　雲手(一)

與第 34 式雲手動作相同，要領也相同（圖 250～圖 254）。

圖 252

圖 253

圖 254

圖 255

第 91 式　雲手(二)

與第 35 式雲手動作相
同,要領也相同(圖 255～圖
259)。

圖 256

圖 257

圖 258

圖 259

圖 260

圖 261

圖 262

第 92 式　雲手(三)

與第 35 式雲手動作相同。要領也相同（圖 260～圖 264）。

圖 263

圖 264

第 93 式　單　鞭

與第 4 式單鞭動作相同，要領也相同（圖 265 ～ 圖 267）。

第 94 式　提手上式

與第 5 式提手上式動作相同，要領也相同（圖 268、圖 269）。

圖 265

圖 266

圖 267

圖 268

圖 269

圖 270

圖 271

第 95 式　高探馬

與第 18 式高探馬動作相同，要領也相同（圖 270、圖 271）。

第 96 式　對心掌

動作 1：以右足跟為軸，足尖內扣，腰向左轉，轉至身體面向正東，左腿向前邁步，以足跟著地，足趾上翹，同時左手隨轉身擁至胸前，右手內合收於胸前，目視前方（圖 272）。

圖 272

第
二
編　武氏太極拳傳統套路圖解

149

| 圖 273 | 圖 274 |

動作 2：右足跟蹬地，左足掌落平，前弓左腿，身體前移，同時左手臂向上掤起至額前上方，右手豎掌從胸前拍出，目視前方（圖 273）。

動作 3：右腿向前跟步，至左足踵右後方，以足尖點地，兩腿為左實右虛，兩手同時內合，目視前方（圖274）。

要領：左足邁步後，兩手運動要有引蓄之意，同時應注意鬆肩沉肘，蓄而後發，右足跟蹬地和右手前推時，上下必須貫穿一氣，身體不可前俯後仰。

第 97 式　十字腳

動作 1：以左足跟為軸，足尖內扣，腰向右轉，至面向西南，兩手內合交叉於胸前，右手在外，左手在內（圖

圖 275

圖 276

275）。

　　動作2：右膝上提至右胯平，足尖朝下，兩腿為左實右虛，目視前方（圖276）。

　　動作3：右足向前方蹬出，兩手同時向左右畫弧分開，目視前方（圖277）。

　　要領：提腿時實腿要精神貫注，蹬腿時身體不可前俯後仰，兩手分開要有沉著之意。

圖 277

圖 278

圖 279

第 98 式　上步指襠捶

動作 1：右腿下落前邁，同時兩手內合，左手至胸前方，右手至右胯前，面向正西，目視前方（圖 278）。

動作 2：右腿前弓，身體前移，兩腿變為右實左虛，同時左腿向前邁出一步（圖 279）。

動作 3：左腿前弓，身體下蹲，右腿跟步，至左足踵右後方，足尖點地，兩腿為左實右虛，同時左手向下畫弧至左膝外，右手變拳由下向前擊出，面向正西，目視前方（圖 280）。

要領：注意步法的虛實變換，兩腿須得力，右拳擊出之勁須有根源，上下要協調進行，保持身法不變。

圖 280

圖 281

第 99 式　上步懶紮衣

與第 15 式懶紮衣動作相
同）要領也相同（圖 281～圖
283）。

第 100 式　單　鞭

與第 4 式單鞭動作相
同，要領也相同（圖 284～圖
286）。

圖 282

圖 283　　　　　　　　　　圖 284

圖 285　　　　　　　　　　圖 286

圖 287　　　　　　　　　　圖 288

第 101 式　下　勢

與第 73 式下勢動作相同，要領也相同（圖 287）。

第 102 式　上步七星

動作 1：左腿向前弓步，身體前移，同時左手向上向前抬至肩平，右手下落至右胯側，面向正東，目視前方（圖 288）。

動作 2：右足向前邁步至左足前右方，足尖點地，兩腿為左實右虛，同時右手變拳向上畫弧至胸前，左手變拳至右拳內交叉，目視前方（圖 289）。

要領：兩手的運動須與兩腿運動協調相隨，兩拳交叉後胸部須有擴展之意，身體不可前俯後仰。

圖 289

圖 290

圖 291

第 103 式　退步跨虎

動作 1：右腿向後退步，左腿變虛後移，右手變掌上撩，左手變掌下落，面向正東（圖 290）。

動作 2：右腿坐實，身體後移，左腿回收至身前點地，同時兩手上下分開，右手至頭右側上方，左手落至左胯前側，目視前方（圖 291）

要領：右足後退落實後，右腿須精神貫注，並要做到鬆

圖 292　　　　　　　　圖 293

腹，豎尾，兩手要與左足的收回協調相隨，身體不可上漲，要注意含胸、鬆肩、沉肘等身法。

第 104 式　轉腳擺蓮

動作 1：以右足跟和左足尖為軸，同時向右轉 180°，兩手內合收至腹前（圖 292）。

動作 2：左腿從後向前上步至右腿前，身體轉至面向東北（圖 293）。

動作 3：左腿落實，身體右轉，右腿提起，由左向右擺打，兩手同時向上向右向左拍打右足面（圖 294）。

要領：在身體轉動時，上下須一氣呵成。左腿安排穩當得力後，右腿才可提擺，腿擺起後，兩手拍擊右足面，同時上下必須協調相隨，身法保持不變。

圖 294

圖 295

圖 296

第 105 式　彎弓射虎

動作 1：右足向西南方落步，前弓右腿，面向東南，兩手同時由左向下向右收至胸前，目視前方（圖 295）。

動作 2：腰向右微轉，兩手變拳，由下向上至面前左右分開成拉弓狀，目視東南（圖 296）。

要領：兩手的運動要與兩胸相繫相連，兩拳運動要有沉著之勢，整個運動須上下協調

圖 297

圖 298

連貫，不可停頓。

第 106 式　懶紮衣

與第 2 式懶紮衣動作基本相同，要領也相同（圖 297～圖 299）。

圖 299

圖 300 　　　　　　　　　　圖 301

第 107 式　退步雙抱捶

動作 1：右腿後退一步坐實，左腿後撤收至右足左側，以足尖點地，兩腿為右實左虛（圖 300）。同時右手從左手下向前向上，兩手變拳收至胸前，目視前方（圖 301）。

動作 2：左腿後撤與右腿齊，兩拳分開收於胸前兩側，目視前方（圖 302）。

要領：要注意步法的虛實轉換，做到勁由內換，身體不可前俯後仰。

第 108 式　收　勢

動作：兩手由拳變掌徐徐下按至兩胯旁，身體立起，面向正南，恢復起勢姿勢（圖 303）。

圖302　　　　　　　　　　圖303

　　要領：兩手下按時兩胸須放鬆下沉，身體立起，仍須
保持各條身法。

第三編

武氏太極拳推手

武氏太極拳推手概論

太極拳推手是我國武術技擊內容之一，是太極拳對練和對抗的形式，它蘊藏著民族的文化內涵及古老的東方哲理，它對人的整體訓練和身體素質的提高以及防身、健身很有價值，無愧為武術中的精華。

太極拳推手是在熟練太極拳架，掌握了一定的太極拳理，具有了一定的太極功夫的基礎上，進一步進行實戰性訓練的一種雙人對抗性訓練方式，是練習聽勁與懂勁的一種必然的途徑。

練拳架是知己的功夫，也就是可以加強自己的功力；練推手是知人的功夫，是憑自己的感覺瞭解對方的勁力的大小、方向以及採取的相應措施，達到小力勝大力。

拳論中說：「粘連黏隨，不丟不頂」，「任他巨力來打我，牽動四兩撥千斤。」這就是太極功夫的體現，只有在雙人推手實踐中，才能加強太極身法的鍛鍊（即含胸、拔背、裏襠、護肫、提頂、吊襠、騰挪、閃戰），才能靈活運用八種手法（即掤、攦、擠、按、採、挒、肘、靠），才能步踩五行，即五種步法：前進、後退、左顧（左旋）、右盼（右轉）、中定。所以，太極拳推手是散手的過渡階段，是鞏固太極拳身法、練習懂勁的必由之路。

一、推手的意義及推手與走架、散手之間的辯證關係

太極推手，又稱打手或揉手。它是兩人在配合練習太極拳懂勁和技術時的一種鍛鍊手段。它遵循「以靜制動」、「以柔克剛」、「以小力勝大力」、「粘、連、黏、隨」、「不丟不頂」的原則，使用掤、攦、擠、按、採、挒、肘、靠的技擊方法，按照進、退、顧、盼、定的步法和身法進行的一種高尚的、文明的、有哲理的、有趣味的健身運動。

太極拳架是體，推手是用，體用應緊密結合，才能長功夫。把拳練好，再運用到推手上，用拳架來豐富推手，用推手來檢驗拳架，也就是說推手是以拳架為基礎，反過來又檢驗和修正拳架的技術，如果說拳架是理論，那麼推手即是實踐，這樣久而久之體用結合，理論和實踐結合，就可以形成功夫上的飛躍。

但這些必須在老師的指導下刻苦訓練，才能逐步達到高層次。當然，只練拳架不練推手，就很難深刻地領會太極拳法的各種要求，更不能靈活運用太極拳架，自如地呼吸行氣，巧妙地發揮勁力，根本達不到技擊運動的高度成就。

推手是進行太極拳技擊技能實戰訓練的一種形式，是學習太極拳法以致應用的中間途徑，也是學會拳架子到學習散手的階梯。推手是在實戰的條件下，不用護具設備的雙人對抗競技，比內勁，比技巧，純熟地運用太極拳技法，控制自己的平衡，而破壞對方的平衡。

推手不是急了打架，也不是隨便嬉逗，而是雙方鄭重其事地比內功和技巧。雙方一接觸，即進入互相摸底階段，必須從手和腳全面動作來衡量對方實力，沉著應戰，看誰能把對方輕鬆自如地制服或拋出，而整個過程是由全身皮膚觸覺和本體感覺的靈敏性，探知對方的勁力大小，剛柔虛實，長短，快慢和運動方向，作出各種因勢利導的對策來實現的。

在這一過程中，要求善於體察對方的虛實、強弱和力量的方向，並善於在各種不同情況下控制對方，施以有效的打擊。推手對雙方的皮膚觸覺，本體感覺，反應速度，用勁技巧，以及內勁品質等各項太極拳的運動素質的提高有特別重要的作用。

必須指出，推手是獲得太極拳技擊功夫的主要手段，有一定的技擊實用性，可以發揮真正的技擊效能，但它畢竟不是實踐，而只是技擊練習，從一定程度上講，推手與散手相比較，推手技術的內在變化比散手技術的內在變化更加細微。

從訓練的內容上和難度上講，推手要比散手複雜得多，困難得多，所以推手速度宜慢不宜快。當然，最終推手還要為散手服務。技擊形式雖分為推手和散手，但兩者是相輔相成的，是一個統一的整體。

二、武氏太極拳推手的特點、要求 及基本原則

武氏太極拳推手，不許有抓、握、撕掠、箍抱、拿反關節，下肢不準用勾、絆、跌等動作，要求體現粘、連、

黏、隨的運動特色，捨己從人，力從人借，並以意導氣，從而形成周身彈簧力將人發出，即使在運用拳或掌擊發時，對方也不會有疼痛之感，被發之人可彈跳而出，而不致跌仆受傷。彼此功夫相近者在推手時，要尋找對方的缺陷之處乘機發勁，要使被發之人口服心服，承認所發的勁是符合太極拳原理的。

武氏太極推手還有兩個特點：

第一是以勁擊勁，也就是打勁，不注重以著擊身。

第二是發人時用跟勁擁，不用猛力崩，因用崩不能隨人動而制人，且易致跌傷。用擁，不但能避免跌傷，而且能練以勁跟人，使人連連跳退，身不由己，欲進不能，欲退不得，看上去好像把人粘住一樣，永年人過去曾管太極拳叫「粘拳」即由於此。

推手的基本要求是鬆，柔，圓活，虛實分清，輕靈變化，順人之勢，借人之力，捨己從人，引進落空，不丟不頂，不用強力拙勁等。

推手的基本原則是以靜制動，以柔克剛，粘、連、黏、隨，不丟不頂，捨己從人，以小力勝大力。如能在推手中做到粘連黏隨，因人所動，隨屈就伸，不丟不頂，就掌握了太極拳法的核心。

推手要求二人雙臂隨腰腿互相轉動，形成各種角度的連接圓圈，在轉動時由雙手雙臂的接觸，發覺對方全身有無不圓活，不柔軟，不放鬆等缺陷，要想做到這些，必須學會「聽勁」，藉以感覺對方的勁頭、勁源以及勁的變化情況。「聽清」對方的勁後，自己再用上述要求化開對方勁頭，對方缺陷會自然暴露，這時再使自己的意氣乘機達

到對方的身體，直接貫注其中心，發揮克敵制勝的作用，這就是化勁頭制勁源的道理。一旦對方勁源受制，身體必然感覺旋轉不靈，喪失進攻力量，甚至會因失去平衡而跌出。只有透過推手，互相學習，交流經驗，反覆運用，才能提高技藝，掌握太極拳真諦。

三、推手的步法和手法

太極拳又稱十三勢，因為它掌運八方，即掤、擺、擠、按、採、挒、肘、靠；足行五步，即進，退、顧、盼、定。十三勢也是太極拳術在技擊中的基本方法，其中前進、後退、左顧、右盼和中定是步法。步隨身換，步法要與身法協調一致，靈活穩重。而手法又稱推手八法，即掤、擺、擠、按、採、挒、肘、靠。

（1）掤：在太極拳法中，將向上向外之力稱為掤。掤勁是一種由內向外的彈性力。勁含體內，猶如周身充氣，雙人搭手，逆著對方的勁向上，使對方的勁力既不能達到我的胸部，又不能隨其意而下降。又感覺不到勁力，即所謂掤勁。

掤勁在太極拳法中極為重要，無論前進後退，左旋右轉，掤勁都不可失。運用掤勁時應注意：第一，掤勁是粘住對方，而不是與之相對抗；第二，掤勁要保持自己臂肘有一定的弧度，而不便自己的小臂靠近胸腹；第三，掤勁要貫徹敵進我退原則，而此處的進退是腰腿的運動。這樣，使對方直來的勁力成為我動作弧線上的切線，如果對方繼續加力，其勁力將失去著力點，影響身體的平衡，並將受到我的支配。

（2）攦：在太極拳法中，順對方來勢向側向後的牽引稱為攦。對方向我掤或擠時，我則一手粘其腕，另一手粘其肘臂部，順其前進之勢而順我肘向身體左側和右側斜線牽引，即在對方勁力之上再略加向旁側的小力，如用得法，可使對方向前向側傾倒。

攦的關鍵有三：一要順對方的勁力而動，略微改變方向；二要轉腰坐胯，含胸拔背而不得僵滯；三須連著對方腕肘，並防止對方受攦而肩擊胯打。注意了以上三點，只要將自己先安排好，對敵人的勁力採取順應而使力的原則，就能使對方失去平衡，陷於被動。這是以防為攻的技法。

（3）擠：在太極拳法中，凡以手或臂橫於胸前向對方貼近推擠，使其失去運化的外準之力稱為擠。即以手、臂粘住對方身體，從而向前推擲。

擠勁是進攻，其目的在於排擠對方失去平衡而離開原來位置。因此，在擠法中，手臂要用力，而更重要的勁力卻要來自腰腿。前腿弓後腿蹬，腰部發力，直向對方重心，威力很大。

（4）按：按勁是一種向前向下推按的力，是一種既有下壓對方來力，又有粘隨推擲而去的進攻方法。按勁用手下按以抑制對方前進的攻擊。其實，按勁表現的形式是以手向下但仍要貫以全身的勁力。這樣就必須沉肩墜肘，鬆腰坐胯而氣往下沉。如果同時含有向自身方向牽引的趨向，則按勁可使對方身體傾斜。所有這些都為向前發放創造條件。

（5）採：在太極拳中，用手掌按著對方的手臂向斜下

沉採稱為來勁。來勁是一鬆一緊，或一落即拔，先沉後提，或先順後逆，雙方手肘相持，或腕肘相接時下沉，使對方反抗上托，我則順勢提帶使其足跟離地。這就是採勁的應用。善用採勁，不管對方的力怎樣攻來。均可採而化解，然後選擇其弱點反攻。

（6）挒：在太極拳法中，將轉移對方勁力還制其身稱為挒。挒勁是一種向外橫推或橫採的力。使用挒勁時。既要承受又要轉移對方的勁力，前者是從人，後者是由己。從人要順遂，要順從對方勁力方向，由己應改變其方向，使動作成弧線形式。

（7）肘：在太極拳法中，以肘擊人稱為肘。肘有兩種用法：一種是用肘尖推撞對方肘部；另一種用肘尖沉帶對方，形成牽引的勁力。

（8）靠：在太極拳法中，用肩、背外側擊人稱為靠。靠勁多在貼身後才能使用。但使用靠法必須慎重，如果不是在得機得勢時而輕用靠法擊人，則往往容易受到對方的轉化反遭對方的打擊。因靠勁將使自己身體的重心偏移過去，以致一擊不中，自己反而失去平衡。

武氏太極拳推手方法圖解

武氏太極拳推手，分為四正推手和四隅推手。四正推手使用掤、攦、擠、按手法進行訓練。四正推手又分為定步推手和活步推手。四隅推手則是運用採、挒、肘、靠手法訓練的，所打方向是四角。下面僅介紹四正推手。

一、四正定步推手

武氏有「老三著」定步推手，武禹襄大哥武秋瀛拳論中說：「初學打手，先學攦按肘：此用攦（即攦），彼用肘（即擠）；此用按，彼用攦；此用肘，彼用按。二人手不離手，互相粘連，來往循環，週而復始，謂之「老三著」。

（1）預備式

做定步推手時，二人首先對面站立，相距兩步遠，此時必須內固精神，外示安逸，思想集中，身體中正安舒，呼吸深細勻長，氣勢收斂含蓄，兩眼平視（圖1）。

圖1

圖2　　　　　　　　　圖3

（2）搭　手

接上式，雙方各進一步，面部隨身體略向側轉，所進之步可為右腳，也可為左腳，同時伸出一手與對方之手相搭。此時進右步出右手，進左步出左手。搭手時，腕背相接取粘字，臂略屈成弧形含有掤勁。為說明方便，設圖左方為甲，右方為乙，而雙方都進右步出右手（圖2）。

（3）掤　勁

接上式，甲乙雙方左手以手心粘接對方肘尖，全身重量落於兩腿之間，肘腕相接，各含掤勁（圖3）。

（4）摟（即攦）勁

甲右手承乙右手之掤勁，將右臂後引，右手翻轉以手掌貼於乙右手腕處，同時左手撫於右肘，順乙之來勢，屈左腿收胯，轉腰（向右），兩手引乙右臂，成為向右的攦

圖4

圖5

式動作（圖4）。

（5）肘勁（即擠勁）

乙順甲之捋勢，右腿微屈，重心略向前移，同時右臂屈肘，轉腰進胯，以右肘平擠甲之胸部，其目的是使甲的捋勁不發生作用而改變方向，同時使其兩手被迫於胸前失去作用（圖4）。

（6）按　勁

甲順乙之來勢，屈左腿，含胸向左轉腰，收胯，同時兩手按乙之右臂，向下、向左化開乙之肘勁，使乙方的肘勁落空。甲右手隨即移至乙肘部，左手移至乙右腕部，兩掌向下向前推按（圖5）。

甲用按，乙用掤（即捋）；乙用掤，甲用肘；甲用肘，乙用按。如此週而復始，運轉不已。如變換步法，則

按式一方進步，被按一方撤步。

二、四正活步推手

活步推手有三步推手與三步半推手。三步推手和三步半推手基本一樣，唯步法上稍有不同。退者，退夠三步，把前足再向後提收半步；進者，進夠三步，將後足再向前跟進半步，這樣就成為三步半推手步法了。

應注意：邁第一步，第二步前進時，進步一足都踏在對方前足的外側；向前邁第三步時，則要踏在對方腿襠中間，第四步後足向前跟半步，腳趾點地，前進之足無論踏在對方的外側還是腿中間，都應貼近對方的前足。

(1) 預備式

甲乙二人對面站立，相距兩步遠，此時必須內固精神，外示安逸，思想集中，身體中正安舒，呼吸深細勻長，氣勢收斂含蓄，兩眼平視（圖6）。

圖6

(2) 搭　手

接上式，雙方各進右步，面部隨身體略向左側轉，同時伸出右手與對方之右手相搭，腕背相接取粘字，臂略屈成弧形含有掤勁（圖7）。

(3) 掤　勁

接上式動作，甲乙雙方向右轉腰，左手以手心粘接對方肘尖，全身重量落於兩腿之間，肘腕相接，各含掤勁（圖

圖7

圖8

8）。掤手應如膠著，又能靈
活轉動，在粘的基礎上取黏
字，同時又寓意於走，走是化
除對方的勁力，所以，臂要順
應敵勢而滾動，猶如滑軸。腰
要進退旋轉，猶如車軸。

（4）乙掤甲攦

乙右腕微外旋，手臂黏甲
右腕上掤，兩腿成右弓步，此
為掤式。甲右手承乙右手之掤
勁，順勢將右臂後引，右手翻
轉以手掌貼於乙右手腕處，同

圖9

時左手撫於乙之右肘，順乙之來勢，向後退右步，屈右腿收
胯，轉腰，兩手引乙右臂成為向右的攦式動作（圖9）。

圖 10

圖 11

（5）乙化甲攦為肘（即擠勁）

乙順甲攦勁轉腰進胯，屈右腿前移重心，同時隨勢屈右肘以右小臂平擠甲之胸部，隨即左足向前跟至半步，腳趾點地（圖 10）。

（6）甲化肘（擠）為按

甲感受乙之肘勁（擠勁）時，立即屈左臂，順勢坐右腿，左足後收半步，足趾點地，同時含胸，轉腰，收左胯，並用雙手向下向左按乙之右臂，化開乙之擠勁，兩手向下向前推按，並前上左步，落於乙右腳外側，成右弓步（圖 11）。

（7）乙化按為掤

乙順甲之按勢，右腿向後退一步，左手經胸前移至甲左腕部，手背與甲之手腕相粘，左臂微屈成弧形，含有掤勁，右手下落弧形移至甲左肘尖處，用手心粘接對方肘

圖12

圖13

尖，腕肘相接，含有掤勁，同時重心後移，坐後腿，成為
右實左虛（圖12）。

（8）乙化按為擺

甲隨乙之掤勁，上左步於乙右足之內側，弓左腿，雙
手翻掌向下向前推按乙之左臂。乙順甲之按勁，左腿後退
一步，屈左腿，同時將左臂後引，右手翻轉以手掌貼於甲
左腕處，隨後右手撫於甲之左肘，順勢屈左腿，收胯，轉
腰，兩手引甲之左臂，成為向左擺勢動作（圖13）。

（9）甲化擺為肘（擠勁）

甲順乙之擺勁，屈右臂，轉腰，進胯，重心前移，以
左肘向對方胸部平擠過去，隨即右足跟至半步，腳趾點
地。乙順甲之肘勁（即擠勁）轉腰收胯，右足後退半步，
足趾點地，化擠為按（圖14）。如此週而復始，運轉不
已，即為三步半誰手。如去掉半步，即為三步推手。如要

變換步法，也就是換手，當做按式一方做按式時，被按之方不再移手掤接對方手腕，而兩手不動，在前方之腿向後退一步，雙手引帶對方手臂成為攦式動作，而做按式一方在後面之腿隨對方攦勢，向對方襠中上步成為擠勁。然後攦方化擠為按，擠方化按為掤，後退，即換過步法。

圖14

三、三十六路一時短打名稱

三十六路一時短打即三十六打手招式，為郝為真先師所創，原為二十三式，筆者增益為三十六式。初學者不懂勁、不能打勁時可以先學此打招，然後由招熟而漸悟懂勁，懂勁後即不需要再習用此技。

（1）不遮不架　　　（2）格手擋風

（3）雙風貫耳　　　（4）烈焰鑽心

（5）軟手提袍　　　（6）單鞭救主

（7）拗攦掤打　　　（8）霸王開弓

（9）桓侯拍鼓　　　（10）玉女捧盒

（11）搖枝尋梅　　　（12）迎面飛仙掌

（13）順手飛仙掌　　　（14）推手掌

（15）補面掌　　　（16）裏拴肘

（17）外拴肘　　　（18）對心肘

（19）左採手　　　（20）右採手

（21）裏　靠　　　（22）外　靠

（23）十字靠　　　（24）迎門靠

（25）十字跌　　　（26）袖裏一點紅

（27）殺人不見血　（28）撇雁翅

（29）單彎袍　　　（30）沖天炮

（31）鐵門拴　　　（32）摸　眉

（33）裏邊炮　　　（34）童子拜觀音

（35）朝天一柱香　（36）閉門鐵扇子

四、武氏太極拳打手示範圖

下面僅將武氏太極拳中幾個發勁動作的姿勢照片列出
（見圖 15～圖 32），供讀者參考。

圖 15

圖 16

圖 17

圖 18

圖 19

圖 20

圖 21

圖 22

圖 23

圖 24

圖 25

圖 26

圖 27

圖 28

圖 29

圖 30

圖 31

圖 32

第四編

武氏太極十三連環劍套路圖解

武氏太極十三連環劍名稱順序

起　勢

第 1 式　進步繡劍

第 2 式　退步剪形

第 3 式　進步裹砍

第 4 式　上步刺劍

第 5 式　轉身劈頭劍

第 6 式　進步炮劍

第 7 式　退步勾掛

第 8 式　藏身劍

第 9 式　左右劈劍

第 10 式　抱　劍

第 11 式　托　劍

第 12 式　進步陽手剪腕

第 13 式　跟步陰手剪腕

收　勢

武氏太極十三連環劍套路圖解

起　勢

動作 1：開立步站立，面向正南，二目平視，左手持劍於身左側（圖1）。

動作 2：步不動，雙手平抬舉至口平，右手平握劍柄（圖2）。

動作 3：身向左側微轉，面向東南，重心稍移向右

圖1

圖2

圖 3

圖 4

圖 5

腿，左手劍指坐腕豎指朝向正東（圖3）。

第1式　進步繃劍

動作1：左腳向東北方向邁出，重心漸移至左腿，劍向右後劈落（圖4）。

動作2：承前式，上動不停，右手劍繼續弧形劈落，再從下向左前繃起，劍尖上下鋒分明，繃劍的同時右腳跟至左腳斜後方，目凝視劍尖，力達劍尖。面向正東（圖5）。

圖6

第2式　退步剪形

動作1：承前式，右手劍向右後隨右步後撤弧形抄起，左手坐腕豎指，二目仍看東方（圖6）。

動作2：承前式，上動不停，劍從右向上剪起，同時左腳後退至右腳後呈玉環步，左手劍指裏至胸前（圖7）。

動作3：承前式，上動不停，右腰向右後抽，身體下蹲，呈歇步形，右手劍同時向下剪，氣貫劍尖，神意合一，勢向東南（圖8）。

圖7

圖8 　　　　　　　　圖9

第 3 式　進步裹砍

動作 1：左腳前邁，劍向下落成後抄之勢，目仍視東南，左劍指豎於左胸前（圖 9）。

動作 2：承前式，劍漸向左後下抄，右腳進步虛踏。面仍向東南（圖 10）。

動作 3：承前式，上動不停，右腳踏實屈膝弓步，右手劍向下從左後抄起向右前裹砍。注意上下相隨，劍神合一，有力劈華山之勢。勢仍向東南（圖 11）。

第 4 式　上步刺劍

動作 1：承前式，身體重心移至左腿，同時劍向懷中抽抱，劍指撫指劍柄，目煉神平視劍尖，同時右腿屈膝提起，劍神劍器形神合一，有弓拉滿月之勢。此動作也叫懷

圖 10

圖 11

圖 12

附圖 12

中抱月（圖12、附圖12）。

圖 13　　　　　　　　圖 14

動作 2：承前式，右腳前落，左腿跟步提膝，劍身平端，將渾厚的內力凝聚劍尖向前平刺，目視劍尖，面仍向東南（圖 13）。

第 5 式　轉身劈頭劍

動作 1：承前式，上動不停，右手旋腕劍身下落，左腳向後落下，再微向左後轉。面向東北（圖 l4）。

動作 2：承前式，上動不停，右手劍從右向左前掃帶，同時右腿向左前邁出，重心隨移右腿，劍身有向上反撩之勢，劍底鋒在上，神意潛在，左劍指上舉配合，面向西南（圖 15）。

動作 3：由前式，身漸向東南過渡轉向，劍從右向上反撩，再向左前力劈，左腿在左劍指上舉的同時屈膝提

圖 15

圖 16

起。目凝視劍鋒，面向東南
（圖 16）。

第 6 式　進步炮劍

動作 1：承前式，左腳前
落，右步前邁，重心在左，右
手劍經身前從上向左有下裹之
勢，目視東南（圖 17）。

動作 2：由前式，右腳踏
實，右腿屈膝弓步，劍鋒從左
後向右前反撩，內勁凝聚，力
和眼神同達劍尖。劍指配合橫
裹胸前（圖 18）。

圖 17

圖 18　　　　　　　　　圖 19

第 7 式　退步勾掛

動作 1（勾劍）：由前式，身向左後蹲，左腳向外擺，劍從右前向左後勾、穿、刺，右手指撫劍柄，弓身下視。勢向東北（圖 19）。

動作 2（掛劍）：由前式，身向右轉，右腿向右後撤步，雙手同時撫劍向右前抽、掛，面向正南（圖 20）。

第 8 式　藏身劍

動作：由前式，身凝氣上拔，左腿在劍向上提起的同時屈膝上提，劍身斜豎身前，目視劍尖，左手坐腕豎指於胸前（圖 21）。

圖 20

圖 21

第 9 式　左右劈劍

動作 1：由前式，左腳前落，重心隨移左腿，右手劍向左後勾裹，左劍指沉至腹部（圖 22）。

動作 2：由前式，右腳前邁，身體重心隨移右腿，右手劍從左後向前掄劈，左劍指向左後畫弧一周配合掄劈。面向東南（圖 23）。

圖 22

圖 23

圖 24

圖 25

動作 3：由前式，劍向右後甩，右腳隨後撤步，眼看劍指（圖24）。

動作 4：由前式，身體重心移右腿，左腳回抽虛點左前方，同時劍從右向左劈至身右前側，力達劍身（圖25）。

第10式　抱　劍

動作：由前式，左腳向後退步，右腳隨跟，足尖虛點，劍身由下向上稍偏左端抱，劍平橫胸前，左劍指隨移步的同

圖 26　　　　　　　　　　圖 27

時摟背於左身後，面仍向東南（圖26）。

第11式　托　劍

動作：由前式，右腳前上步，重心前移，上步的同時右手橫劍（劍柄向裏，劍身向外）向上凝神托起，劍下鋒在上反托。面向東南（圖27）。

第12式　進步陽手剪腕

動作1：由前式，右腳尖外擺，原步不動，右腰胯後抽，身微坐呈玉環步，右手翻腕，劍身向內剪（圖28）。

動作2：由前式，左腳向東南前邁，重心隨移左腿，左弓步，右手劍向左前剪，目凝視劍尖（圖29）。

圖 28 圖 29

第 13 式　跟步陰手剪腕

動作：由前式，右手劍向右後劈落後，隨右步向前跟
　　　（至左腳右後方）的同時，
　　　向前繃剪，力達劍尖，形神
　　　合一，目視鋒尖（圖 30）。

收　勢

動作 1：由前動，劍隨
右腳後撤的同時後抽（圖
31）。身成歇步向右轉，劍
隨身轉時大回環，左腳向西
北方向邁（圖 32）。

圖 30

圖 31

圖 32

圖 33

動作 2：要領說明同進步繼劍，唯方向相反。（圖33）。

圖 34

圖 35

動作 3：由前式，右腳後退，劍隨著後甩，面仍向西北（圖 34）。

動作 4：要領說明同動作 1（見圖 35）。

圖 36　　　　　　　　　　圖 37

　　動作 5：由前動，右步後撤，左腳隨右手劍前回環移
交左手的同時向右腳靠近成開立步還原（圖36、圖37）。

　　說明：此劍到十三式完結時，也可不予收式而繼續連
環，接第一式再重複一遍，方向與第一遍正好相反。第二
遍練完後，收式點與方向和起式相符。

第五編

武氏太極刀套路圖解

武氏太極十三刀名稱順序

起　勢

第 1 式　按　刀

第 2 式　青龍出水

第 3 式　風擺荷花

第 4 式　白雲蓋頂

第 5 式　背　刀

第 6 式　迎墳鬼迷

第 7 式　震腳提刀

第 8 式　撥雲望日

第 9 式　避　刀

第10式　霸王舉鼎

第11式　朝天一炷香

第12式　拖刀敗勢

第13式　靈貓捕鼠

收　勢

武氏太極十三刀動作圖解

起　勢

　　動作 1：開立步，意識深沉，鬆肩含胸，二目凝視，左臂抱刀，刀鋒向前。面向正南（圖 1）。

　　動作 2（接刀式）：由前式，步不動，雙臂平抬，雙手抱刀，以右手握刀柄（圖 2）。

圖 1

圖 2

圖3　　　　　　　　　　圖4

第1式　按　刀

動作：由前式過渡，提石膝震右腳，面轉向東方，左腳稍前邁虛點，右手翻腕和左手合力向下搓按，勁要整，目視前方，面向正東（圖3）。

第2式　青龍出水

動作：由前式，左腳前進，右腳緊跟，右手刀用力向前捅，力達刀尖，神意渾厚，面仍向正東（圖4）。

第3式　風擺荷花

動作1：由前式，右腿後退，重心後移，左腳再回收於右腳左前方，右手刀向右上側回帶，左手扶助右手內腕，面微偏東南，目凝視前方（圖5）。

圖5

圖6

動作2：由前式，左腳前進，右腳緊跟至左腳右後方，同時雙手合力，力劈前方，注意要力度深厚，目光凝聚（圖6）。

第4式　白雲蓋頂

動作1：由前式，右腳前邁虛踏，重心在左，同時右手刀橫攔腰間，左手撫貼右腕，意氣凝重，身有向左轉之意，面向北稍偏東北（圖7）。

動作2：由前式，重心漸

圖7

圖8　　　　　　　　　圖9

移右腿，左腳虛踏，腰胯鬆沉，含胸拔背，雙手合力向上
推擋，目視正北（圖8）。

第5式　背　刀

動作：由前式，重心坐實右腿，身轉正西，左足跟著
地，同時右手刀背扛右肩，左手撫在右小臂曲池穴間，神
氣凝聚，目視正前方（圖9）。

第6式　迎墳鬼迷

動作1：由前式，右腿震腳踐步，左腳前跨，同時右
手刀向左前斜劈，面向正西，目視前方（圖10）。

動作2：由前式，右腳前邁；重心前移，同時雙手合
力向外推攔平斬，面向西北（圖11）。

圖 10

圖 11

動作 3：由前式，右足尖外擺，重心仍在右腿，左腿向左前跨出，右手刀從左到右環平斬，目光凝視刀鋒，面向東北（圖 12）。

圖 12

圖 13　　　　　　　　　　圖 14

　　動作 4：由前式，上動不停，刀隨步轉；左足內扣，重心坐實左腿，右腳外擺，刀平斬一周內翻腕上舉纏頭裹腦，面稍向東南（圖 13）。

　　動作 5：由前式，左腳前邁，左腿弓步坐實，刀從腦後纏過，雙手向前推架，形神合一，面向東南，內氣凝聚（圖 14）。

第 7 式　震腳提刀

　　動作：由前式，全身躍起向右轉體，面向正西，身體重心坐在右腿，左腳虛踏，右手刀向後甩，左手向前推掌，目凝視前方（圖 15）。

圖 15

圖 16

第 8 式　撥雲望日

　　動作 1：由前式，右腿前進，刀隨腿撩，左手撫貼右手腕，面向正西，目光凝視刀尖，力送刀尖（圖 16）。此動稱為「連環一刀」。

　　動作 2：由前式，左腳前邁，刀隨步上，刀鋒上撩，目視刀鋒，面向正西（圖 17）。此動稱為「連環二刀」。

圖 17

x

圖 18　　　　　　　　　圖 19

動作 3：說明同撥雲望日動作 1（圖 18）。此動稱為「連環三刀」。

動作 4：由前式，右腳向外前跨內扣，轉身坐實右腿，左足虛點地，右手刀轉回環上撩格架，左手托前刀背，以助守勢，目視刀身，面向東南（圖 19）。

第 9 式　避　刀

動作 1：由前式，重心落於兩腿之間，雙手外撐刀上豎，目光凝重，面向正東，內氣騰然（圖 20）。

動作 2：由前式，右手刀和左手向懷中裹抱，刀鋒在上，同時重心左移，右腳虛點地有提起之勢，面向正東，目光凝視刀尖（圖 21）。

動作 3：由前式，右腿屈膝提起，平心靜氣，抱刀欲

圖 20

圖 21

圖 22

前，目光形神合一。面向正東（圖22）。

圖 23　　　　　　　　圖 24

動作 4：由前式，右足前落，左足跳步躍進，右腿再進成弓步踏實，同時雙手抱刀前刺，力度深沉，目光凝視刀尖。面向正東（圖 23）。

第 10 式　霸王舉鼎

動作 1：由前式，重心後移左腿，右腳抽回腳尖虛點地，同時刀向左側回環半圓，豎立身體左側，刀鋒在後，右手緊撫右臂腕內。目仍視正東（圖 24）。

動作 2：由前式，右腳前邁，重心前移，前弓後蹬，精神飽滿，氣勢渾厚，雙手托刀上舉，目凝視刀身（圖 25）。

第 11 式　朝天一炷香

動作：由前式，左腳前邁呈虛步，同時雙手合力翻刀

圖 25

圖 26

前推豎立胸前，目視前方，面
向正東（圖26）。

第12式　拖刀敗勢

動作1：由前式，重心不
變，以右腳跟為軸，腳尖外
擺，身體右轉，面向南，左腳
虛點地，同時雙手旋刀向下拖
按置身左側，眼看西南（圖
27）。

圖 27

圖 28　　　　　　　　　　圖 29

　　動作 2：由前式，左足前邁，右足震腳，左足再抬，有翻身躍起之勢（圖 28）。

第 13 式　靈貓捕鼠

　　動作：上動不停，跳起翻身落下成四六馬步，同時雙手合力按刀下落，氣勢雄渾，目視刀尖，勢向正東（圖 29）。

收　勢

　　動作 1：由前式，馬步轉弓步，重心左移，同時刀向前斜上捅，左手撫貼右腕，目視刀尖，勢正東。（圖 30）。

　　動作 2：由前式，重心後移右腿，左足變虛，右手刀向右後甩帶，左手相左足相合，面向正南（圖 31）。

圖 30

圖 31

動作 3：由前式，左腳向右內靠近，平心靜氣，環式收刀，懷中抱月，目光凝重。平視正南（圖 32）。

圖 32

圖33

動作4：動作說明同起勢（圖33）。

說明：每式必須跟勁，勢勢相連，完全和行拳一樣，只不過加上器械是接長手而已，刀勢等同於交手散打，自身苦修當有神明之妙。

武氏太極拳四式追魂刀圖解

四刀：裏剪（刺心）、外剪（刺背）、挫腕（抹頭）、撩腕（削腿）。

一、起　勢

圖解說明：甲、乙雙方對面站立（甲白裝，乙黑裝），目光對視（圖34）。

二、接　刀

圖解說明：雙方抬手舉與口平接刀，目互對視，焦點集中（圖35）。

圖34

圖 35

圖 36

三、對　攻

圖解說明：甲乙雙方同時舉刀向對方進攻（圖 36）。

四、乙進步劈頭，甲裏剪乙腕

圖解說明：乙上步向甲當頭劈刀，甲轉腰坐實右腿，同

圖 37

圖 38

時刀鋒側裏向乙右手腕剪去，此為四刀之第一刀（圖37）。

五、乙卸化，甲刺乙心

圖解說明：乙立即後撤右腿，重心後移化解甲方剪刀，注意身法要保持尾閭正中，腰轉動靈活卸勢化解才顯高妙（圖38）。

圖 39

六、甲刺乙心，乙外剪甲手腕

圖解說明：甲趁乙退避的同時速墊步以右足在前挺刀進擊乙心窩，乙速閃身蹉步，反手外剪甲右手腕。此為四刀之第二刀（圖39）。

七、甲跨步化乙外剪

圖解說明：甲急將右步斜跨出，巧妙地化解乙方的外剪（圖40）。

八、乙刺甲背肋

圖解說明：乙在甲向外斜跨步的同時挺刀向甲的後背肋部猛刺（圖41，此圖為正面圖）。

圖 40

圖 41

九、甲用刀挫乙右手腕

圖解說明：甲繼續轉身斜跨左步化解乙的刺背和肋部
攻勢，同時右手刀向乙方手腕外側挫來後發先至，此謂四
刀之第三刀（圖 42）。

圖 42

十、乙卸勢化解，甲抹乙頭

圖解說明：乙速卸腰下勢以化挫腕之險，與此同時甲順勢磋步橫刀向乙頸部抹去（見圖43）。

圖 43

圖 44

十一、乙撩甲手腕

圖解說明：乙雙手托刀上舉反撩甲右手腕，化解抹頭之危勢，此謂四刀之第四刀（圖44）。

十二、乙削甲腿

圖解說明：甲急轉腰走化乙撩腕之危，乙順勢刀削甲右腿（圖45）。

圖 45

圖 46　　　　　　　　圖 47

十三、甲抽身削乙手臂

圖解說明：甲抽身收步，同時右手刀向乙方手臂削去（圖 46）。

十四、提腿轉身

圖解說明：雙方互化，同時各提右膝轉身，週而復始，演練過程不再贅述（圖 47）。

第六編

武氏太極杆術套路圖解

武氏太極十三杆套路名稱順序

起　勢

第 1 式　繃一杆

第 2 式　青龍出水

第 3 式　童子拜觀音

第 4 式　餓虎撲食

第 5 式　攔路虎

第 6 式　拗　步

第 7 式　斜　劈

第 8 式　風掃梅花

第 9 式　中軍出隊

第 10 式　宿鳥歸巢

第 11 式　拖杆敗勢

第 12 式　靈貓捕鼠

第 13 式　手揮琵琶

收　勢

武氏太極十三杆套路圖解

起　勢

　　動作 1：開立步站立，右手持杆緊貼身體右側，面向南（圖 1）。

　　動作 2：左腳向左外側前跨半步，左右手持杆置於身體左側地上，面向東南（圖 2）。

圖 1

圖2

圖3

第1式　繃一杆

　　動作：左腿屈膝，左腳前點，同時左右手合力持杆向
左外撐，力達杆尖；再向左外側繃杆，注意右腿屈膝坐
實，氣勢鼓蕩，面向東南（圖3）。

圖 4

第 2 式　青龍出水

動作 1：左腳前移，屈膝坐實右腿，雙手持杆旋轉合力下按，精、氣、神飽滿；眼平視杆尖，面向正東（圖4）。

動作 2：身體重心前移，呈左弓右蹬形，雙手合力（用周身之整勁）向前捅出，力達杆尖。斂氣凝神，二目平視杆尖，面向正東（圖5）。

第 3 式　童子拜觀音

動作：承前式，右腳跟步，左腳內扣，身向右轉，右腳向右前跨，雙手向外擰杆平舉胸前，兩目凝神向前平視，面向南（圖6）。

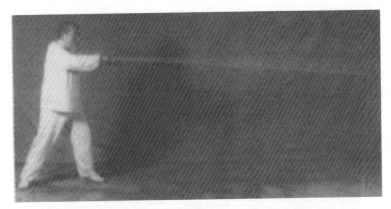

圖 5

圖 6

第 4 式　餓虎撲食

　　動作 1：承前式，右腿屈膝坐實，左腿前邁半步，雙手
擰杆合力下按至腰間，面向東，二目平視杆尖（圖 7）。

　　動作 2：承前式，重心前移，左弓右蹬，雙手合力前
捅，目視杆尖，面向東南（圖 8）。

圖 7

圖 8

第 5 式　攔路虎

動作：接前式，右腳跟步，左腿內扣，向右轉身，同時右腳前跨，呈右弓左蹬形，雙手握杆向東南方向推攔，杆身前低後高斜置胸前，面向東南（圖 9）。

圖 9

圖 10

第6式 拗 步

　　動作：承前式，右腳向後撤，重心後坐，雙手持杆向東北撥擋，杆身前低後高斜橫胸前，目視杆尖（圖10）。

圖11

第7式　斜　劈

動作：承前式，兩腿不動，周身合力雙手向左前（東南）甩劈，重心不變，步成左弓右蹬半馬步，面向東南，杆身前高後低（圖11）。

第8式　風掃梅花

動作：重心不變身稍後坐，成四六步，雙手合力，以腰為軸杆身向左後（東北）斜上方擺掃，目視杆尖，力貫杆身，面向東北（圖12）。

第9式　中軍出隊

動作1：上動不停，右手活把杆稍回抽，杆身仍有合按之意，坐實右腿，蓄勁待發，面向正東（圖13）。

圖 12

圖 13

動作 2：承前式，重心前移，成左弓右蹬步，雙手合力向前平捅刺，力達杆尖，面向正東（圖 14）。

第 10 式　宿鳥歸巢

動作：承前式，重心前移，右腳跟步隨即後撤，稍後

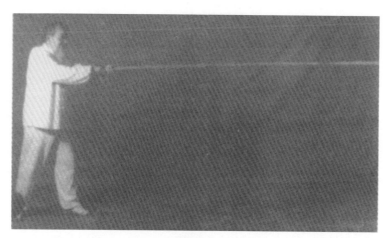

圖 14

圖 15

左腳也收退到右腳前，同時雙手持杆隨身體重心後坐於右腿時右手沉腕下壓，左手在上持杆斜豎胸前，面向正東（圖15）。

圖 16

圖 17

第 11 式　拖杆敗勢

　　動作 1：身體向右轉，重心漸移右腿，雙手持杆向下
擰轉下按，杆尖向左後外拖逼，回頭目視杆尖（圖 16）。

　　動作 2：承前式，左腿前邁，目向前看取敗象，暗伏
殺機，面向西（圖 17）。

　　動作 3：左腳前落，重心向前過渡，右腳震腳踐步投

圖 18

圖 19

左腳再向前進一步（向西），右腳前邁踏實，重心漸移右腿，向左轉體，面向南（圖18）。

第12式　靈貓捕鼠

動作1：承前式，上動不停，身向左轉後坐實右腿，雙手持杆按落至腰間，斂神凝氣，渾然一體，杆尖稍低，形如捕鼠，面向東（圖19）。

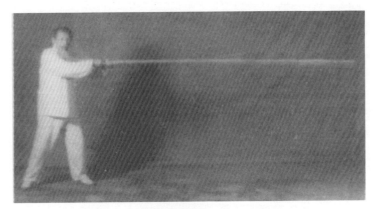

圖 20

圖 21

　　動作 2：承前式，重心前移左腿，成左弓右蹬步，雙手撐杆前捅，力達杆尖，目向杆尖平視（圖 20）。

第13式　手揮琵琶

　　動作：由前式，右腳前跟再撤回，雙手握杆向懷中拖帶，形如抱琵琶狀，目視杆尖，面向東南（圖 21）。

圖 22

收　勢

同起勢動作 1 一樣（圖 22）。

武氏太極四杆術對練要領説明

武氏太極杆對練是練習太極杆體用的兩人對練法。步法與活步推手一樣，採用三步半步法；身法要求與拳架套路的十三身法相同。練法有粘黏四杆和四散杆。

粘黏四杆為平刺心窩，下刺腳面，斜刺膀尖，上刺鎖項；四散杆為平刺心窩，斜刺膀尖，下刺腳面，上刺鎖項。粘黏四杆從右向左成一圓圈運動；四散杆從左向右成一圓圈運動。四杆術運用粘，連，黏，隨，不丟，不頂和繃，挑，合，按，纏手法進行練習。

其練習要領為：精神要集中，身體要正中，身體和杆要成一整體，精，氣，神，勁要注於杆尖之上，步法要扎實，杆與腰腿要合，注意覺察對方的虛實變化和動向，兩手要配合好，兩杆不得脫離碰撞，做到粘，連，黏，隨無聲為佳。

要做到身靈，步活，手合，杆黏；杆有聽、化、發的技巧；聽能覺察對方的虛實變化和勁的動向；化能走錯開對方杆的攻擊，但走化幅度不要太大，以便對方刺不到自己的身體為準則，幅度太大不易回刺和反擊，甚至露出破綻；發能刺中對方或把對方擊出。

武氏太極粘黏四杆圖解

粘黏四杆：平刺心窩，下刺腳面，斜刺膀尖，上刺鎖項。

預備式

動作1：甲乙雙方相對站立。距離遠近視杆的長短而定。雙方各以右手執杆，杆豎立於各自身體右側。立正姿式，目視對方（圖23）。

圖23

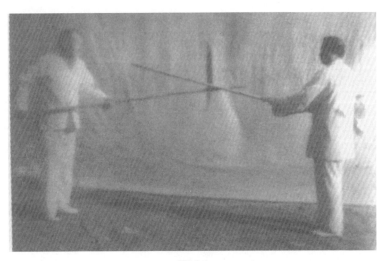

圖24

動作2：甲乙雙方各以左手為前把，右手為後把，將杆端起，杆尖指向對方。身體自然直立，目視對方（圖24）。

第一式　平刺心窩

甲（位於圖左邊者為甲，右邊者為乙）左腳向前邁出一步，成左實右虛步，並用杆尖刺向乙的胸中心。乙隨即右腳後退一步成右實左虛步，同時用杆接住甲杆，把甲杆帶開，使甲的杆尖偏離開乙的胸中心（圖25）。

第2式　下刺腳面

甲杆被乙杆帶開後，甲右腳邁出一步，成右實左虛步，杆順勢下行用杆尖刺向乙的左腳面。乙隨即左腳後退一步，成右實左虛步，同時用杆把甲杆繃開（圖26）。

圖 25

圖 26

圖 27

第 3 式　斜刺膀尖

甲杆被乙杆繃開後，甲左腳邁出一步，成左實右虛步，順勢用杆尖刺向乙的左膀。乙隨即右腳後退一步，成右實左虛步，同時用杆把甲杆合開（圖 27）。

第 4 式　上刺鎖項

甲杆被乙杆合開後，甲右腳跟半步，腳尖點地，仍然是左實右虛步，杆順勢刺乙咽喉。乙隨即左腳收回半步，腳尖點地，還是右實左虛步，同時用杆把甲杆按開（圖 28）。

兩人應杆不離杆，如同粘在一起一樣，甲進三步半刺乙後，改變成乙進三步半刺甲，如此循環，一進一退，一攻一防進行練習，長期下去，定能掌握粘連黏隨，不丟不頂，由懂勁而達到階及神明的地步。

圖 28

武氏太極四散杆圖解

四散杆：平刺心窩、斜刺膀尖、下刺腳面、上刺鎖項。

預備式

甲乙（圖中左為甲，右為乙）雙方相對站立，各以右手執杆，杆立豎於身體右側，立正姿勢，兩人中間距離以杆的長度而定（圖29）。

第1式　平刺心窩

動作：甲乙雙方各把杆端平，左手為前把，右手為後

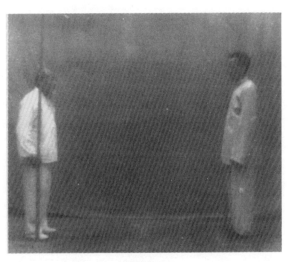

圖29

圖 30

圖 31

把，目視對方（圖 30）。

甲用杆刺乙的胸中心，同時左腿向前邁出一步，乙用
杆接住甲杆向右帶，同時右腿向後退一步（圖 31）。

圖 32

圖 33

甲杆被乙杆帶開後即回抽（圖 32）。

第 2 式　斜刺膀尖

動作：甲將杆回抽後即進右腿刺乙的膀尖，乙用杆接住甲杆向左撥，同時左腿向後退一步（圖 33）。

圖 34

圖 35

第 3 式　下刺腳面

動作：甲用杆順勢下刺乙的腳面，同時左腿向前邁進一步。乙右腿向後退一步，同時向右把甲杆撥開（圖 34、35）。

圖 36

圖 37

第 4 式　上刺鎖項

動作：甲將杆弧形上起用杆尖刺乙的咽喉（圖36）。
乙用杆接住甲杆向右合開，同時右腿後退一步（圖37）。

圖 38

甲順乙杆合帶之力右腿跟進半步，乙乘甲跟進之勁左腿收回半步（圖 38）。

　　甲進刺乙三步半後，改為乙進刺甲（同樣為三步半），攻、防和以上一樣，如此循環進行對練。

第七編

拳解與論述

太極拳歌訣

一、古「養生歌」

　　精養靈根氣養神，練功修道見天眞。
　　身中養就長生寶，卻病延年不老春。

二、詠太極拳

　　武當太極稱內家，衛身保健世所誇；
　　腰脊為主帶四體，腳趾五行運八卦；
　　神領意導氣流行，上下內外匯洪蒙；
　　手腳肘膝肩胯合，粘黏連隨永為宗。

三、尾閭中正歌訣

　　順步出掌肘合膝，拗步出掌手合足，
　　磨腰抽胯肩胯合，尾閭自然不偏倚。

四、太極拳行功歌

　　腳占七分手三分，上下相隨切記眞；
　　八卦變化源五行，主宰腰隙時留心；
　　神意導氣注丹田，抽貫周身勁隱現；
　　尾閭正中通上下，滿身輕利頂頭懸。

五、「腳手隨」歌

手起腳不起，上步防採攦。

腳起手不起，前進怕掤擠。

進退腳手隨，遇險可化夷。

發勁整且疾，推手日精奇。

六、「擎引鬆放」歌

擎引鬆放緊相連，擎放銜接成一環。

練到環形無跡處，四字俱在一觸間。

第二句或云：粘連走發成一環。

七、推手打勁歌

彼勁欲回跟蹤逼，僵停宜串尋根來，

力來我接並中截，搓其勁頭宜沉急。

周身一家腳手隨，挨定彼身捔彼力。

八、贈：武慕姚

1966 年 10 月，得與舍親禹襄曾孫武福鼎（字慕姚）會於故里，談及太極拳，彼頗以未習為憾，余因寫「太極拳要訣」數語，及一對聯相贈：

（1）太極拳要訣

太極運動，中外流行，動作安詳，神意奔騰。

氣沉丹田，頂勁虛領，不偏不倚，尾閭中正。

上下相隨，虛實分清，進退旋轉，腰為司命。

勁起於腳，運行周身，結合呼吸，漸現漸隱。

周身骨節，肌肉百絡，一動俱動，方為得法。

寄語同好，慎守此訣，卻病延年，獻身祖國。

（2）對　聯

神意導氣行百絡，腰腿換勁應萬端。

九、詠「周身一家」

神意導氣運周身，肢體隨氣共轉運；

腰脊中樞領全體，上下相隨就屈伸。

十、打手歌

身　法

虛領頂勁豎起脊，氣沉丹田立定根，

手腳相隨腰腿整，腰脊為主領全身。

步法一

退步要高進要低，腳踩五行隨人移，

任彼衝撞與襲擊，隨機應變整且疾。

步法二

推手步法不只一，常用五種隨勢易，

常步如常有轉換，變步下變上不變，

續步暗進人不曉，踐步急進將人趄，

碟步猛退身站定，或攻或守當機斷。

聽　勁

接定彼勁靜心聽，隨人進退與縱橫，

微感鬆沉襲將至，聚神伺彼力初萌。

時　間

不先不後靜中求，八面支撐時綢繆，

彼力如泉剛出地，我勁似風推彼頭。

打法一

遠柔近剛分緩急，虛實前後定橫直，
欲彼前跌下翻上，欲彼後跌上翻下。

打法二

彼實在前當直取，彼實在後宜橫擊，
彼若無力應緩送，彼若有力可猛襲。
欲彼後跌上翻下，欲彼前跌下翻上，
彼距我遠用擁迫，彼距我近宜用撞。

運　勁

運氣收放依抽貫，發勁剛柔靠隱現，
八卦變化源五行，隨著就勢任君便。

心　法

天長地久任悠悠，彼既無心我亦休，
候彼來擊為借力，莫謂無力難展籌。

擊　狡

彼身不整力且柔，欲想進擊不須愁，
擎起彼勁身自整，制彼仍以勁上求。

拳　解

一、永年人稱太極拳爲「粘拳」 或「綿拳」的原因

太極拳在永年及永年周圍鄰縣一帶，都管它叫「粘拳」或「綿拳」。直到永年國術館成立後，才逐漸改稱太極拳。當時呼作「粘拳」或「綿拳」的原因有三：一是從外表上說的，一是從感受上說的，一是從習者行功用勁上說的。

從外表上人們給它命此名的原因是：太極拳走架行功時，內固精神，外示安逸，四肢運動，望去恰似弱柳迎風，綿軟無力，故管它叫「綿拳」。再者，武、李、郝老先生教人推手時，首先令人練習接勁，聽勁，拿勁，不輕於發人。因此在示範時，一搭手即使人進退不得，望去好像把人粘住一樣，故管它叫「粘拳」。

從感受上人們給它命此名的原因是：永年太極拳在練習推手時或與人比較時，粘連黏隨，不丟不頂，使人感到伸手前來如擊棉絮，綿軟無力，故管它叫「綿拳」；推手時或比手時，退步想走，不能走開，接觸點像粘連在一起一樣，因此又管它叫「粘拳」。

從用勁上人們給它命此名的原因是：練太極拳，不重

撞勁，繃勁，抖勁，攻勁，以其均有缺點，特尚粘勁，以其能伸縮，展拓變化，缺點較少，因此管它叫「粘拳」，意在尚粘勁之拳也。

二、釋「腳手隨」

腳手隨，即手與腳相隨，亦即上下相隨也。其運用有內外之別：

（1）從外形上說，手腳的進退要相隨，上下要相照，遠近要相齊也。

（2）從內勁上說，左手之開，其勁源在石腳跟，而與下面之左腳的騰挪力量相隨相合也（右手與此相反）。

總之，不管是雙手，還是單手，其進退要與腳的進退相隨，其遠近前手不能出前腳，其發力要同時也。

三、釋「五行」

太極拳下踩五行，上打八卦，合之而為十三勢。

「五行」即金木水火土，喻東西南北中，亦即習者的前後左右中，拳論中術語叫進退顧盼定。

太極拳運動的重點，乃下踩五行，上打八卦，以腰為主，帶動全身而動，今先說明腰怎樣帶動下肢形成五行。

腰由後腿挪到前腿上為進，由前腿挪到後腿上為退，在兩腿正中為定，左旋，右轉，即左顧右盼。

至下肢應該怎樣適應亦頗簡單，今做示意圖如右：

四、釋「一身備五弓」

兩臂，兩腿，脊椎，形成五弓：

肩沉，肘垂，挫腕，則兩臂形成兩弓；

兩腿的伸縮形成兩弓；

裹襠、護肫而拔背含胸則脊椎形成一弓。

五、「引進落空合即出」中的「合」字 釋義

合字的解釋不一，茲分記之，以備研究。

（1）武秋瀛云：「合即撥也。」

（2）有人謂：「合乃以我之身合彼之身也。」

（3）以我之力接彼之力也。

（4）乃虛實合歸無極也，即以周身一家的合勁發人也。

（5）說文字義「會也」、「戰也」。

（6）遜之先師云：「一走一回即合。」試之與發字無異。

六、釋「起承轉合」

武禹襄拳解中云：「起承轉合。」李亦畬拳論中云：「起承開合」。轉乃轉變也，開乃無極生太極陰陽分開也，亦即變也。

起：起始也。我先準備也。遜之先生云：「末搭手前，我應該在十字路口，站成八面支撐之勢，以便隨機應變。」

承：承接也。與人相接也。以我之勁與對方之勁相接觸也。

轉：轉變也。陰陽分開而變也。所謂動之則分也。人亦接我，我察人力之動向，邊走對方之勁，邊將自己之陰陽虛實分開，並轉變好，使人落空。

合：陰陽合也，會合也，戰也。

陰陽一合（即陰陽相濟）即結合成一種發人力量，故打手歌云：「引進落空合即出」也。

或云打手二人合也，戰也亦可。

七、「粘黏連隨」解

粘黏連隨在用法上與口頭說法上是「粘連」「黏隨」。意思是和對方接觸後使用不丟不頂，捨已從人諸拳法使推手二人接觸點粘黏在一起，連隨不分離的意思。

有些人，喜歡從字義上鑽究，將此四字分開，各表一意，實際上是無關緊要的。

粘：我順人背謂之粘。我勁在彼勁之上時用之。

黏：勁斷意不斷謂之黏。我勁在彼勁之下時用之。

連：不頂謂之連。我勁在彼勁之前時用之。

隨：不丟謂之隨。我勁在彼勁之後時用之。

八、釋王宗岳《太極拳論》中「人不知我，我獨知人」

太極拳練到功夫高深時，發人時上肢除接勁、聽勁外是不動的。發人全在腰腿。

推手時，上肢雖與人接，因我上肢不動，人無從知我

欲想怎樣，故云「人不知我」。

因我上肢與對方接觸，對方想擊我而先動其上肢，我因之能知道人勁將要怎樣運動，故云：「我獨知人」。

九、釋王宗岳《太極拳論》中的「捨己從人」

「捨己從人」是人勁怎樣運動，我即隨著人的動向而運動。簡單地說。就是捨了自己的意圖，去順從別人的意圖而運動，順從別人的動向，而確定自己的進攻計畫。

十、釋李亦畬《五字訣》中的「從人仍是由己」

「從人仍是由己」乃我在對方運動末展開前，已測知對方意欲怎樣，在人運動末展開前或展開時，我即順從對方的意向，制對方於背境；或在我八面支撐，周身無有缺陷的基礎上，隨人動向，制人於背境，這樣就形成了外似由己，實仍從人的所謂「從人仍是由己」了。

功夫不到一定程度，想做到「從人仍是由己」是困難的。

十一、釋「隨屈就伸」

（1）「隨屈就伸」是說人向我進，我隨之屈，緊跟著我就以伸反擊之。遜之先生說：人力來，我以力化之，人力既化，我就逆化人之力向，反擊之。

（2）「隨屈就伸」是說我隨人而屈後，就使伸開也。如人來甚剛，我邊用曲蓄化其剛猛之力（曲蓄在上下

肢），邊使自己成為舒展的得機得勢之勢。即去之也。

這樣做，使「人剛我柔謂之走」時就給「我順人背謂之粘」準備好了一切條件。

隨屈：是我隨對方之勢，與對方接觸有關部位變彎曲也。

就伸：乃我肢體的彎部，用我的虛實變換，使自己成為順勢，使我的曲處能自然伸開也。

隨屈就伸的「就」字，須作動詞解。

十二、釋「陰陽相濟」

釋一：王宗岳《太極拳論》首段內云「人剛我柔謂之走，我順人背謂之粘」；末段內云：「粘即是走，走即是粘，陰不離陽，陽不離陰，陰陽相濟，方為懂勁。」

為了進一步說明「陰陽相濟」，吾謂：粘不離走，走不離粘，陰不離陽，陽不離陰，「粘走相濟」即「陰陽相濟」也。

釋二：所謂陰陽相濟，在手則要開合相濟，務使開中寓合，合中寓開；在腳則要虛實相濟，務使虛中有實，實中有虛；在腰腿則要進退相濟，進固是進，進中要留退步，退固是退，退中要有進機；在勁則要剛柔相濟，順隨固是柔勁，但兩膊支撐而不塌，是謂柔中寓剛，發放固是剛勁，但兩手搓摩而不頂，是謂剛中寓柔。

十三、釋「剛柔相濟」

王宗岳《太極拳論》中云：「粘即是走，走即是粘，陰不離陽，陽不離陰，陰陽相濟……」

武禹襄《太極拳解》中云：「一動無有不動，一靜無有不靜，視動猶靜，視靜猶動。」

李亦畬《走架打手行功要言》中云：「靜則俱靜，靜是合，合中寓開；動則俱動，動是開，開中寓合。」

陰陽、粘走、動靜、開合，均剛柔之道也。故吾謂：「粘隨走化而不塌陷，謂之柔中寓剛；支撐發放而不頂抗，謂之剛中寓柔。」亦即所謂「剛而不猛，柔而不屈者」也。

十四、釋「蓄勁如張弓，發勁似放箭」

手腳上下相隨，氣由兩手收於肩，由含胸拔背使氣貼背斂入脊骨，注入腰間，此時周身上下外形內氣均如弓形，故曰：「蓄勁如張弓。」

發勁時氣由腰而脊而肩，經臂上貫於手，同時由腰而胯而腿，下注於足，形成手腳一上一下分張之勢，同時腰亦行前移，形成放箭時弓把前移與兩弓梢以上下分張兩奪之勢，同時發力的樣子，故曰：「發勁似放箭。」

也有人認為，「蓄勁如張弓」是指自己蓄勁時，身體各部曲蓄，形如把弓張開一樣；「發勁似放箭」是說明太極拳運發的勁，似放出的箭一般快速有力。

筆者認為，以上關於「蓄勁如張弓」的說法，尚可。把「發勁似放箭」說成太極拳的勁，似放出的箭一般的快速有力，從字面上看是可以的，從練法上看是不妥當的。因箭似的堅剛的快速的力，是一種剛直不變的力，和外家拳運發的勁無異；太極拳的勁是一種剛柔相濟的勁，是一種能剛柔，能起落，能變化，能展拓的勁，是一種堅韌而

有彈力的勁，是一種剛而不猛，柔而沉實，不疾而速，如彈簧一樣按之則落，懸之則起，不丟不頂，粘連黏隨的勁。若以放出的箭來比太極拳的勁，則只說明了太極拳發勁的快速與堅剛一面，而不能說明太極拳勁的緩和柔曲尚能粘連黏隨等變化的一面。若太極拳只有剛勁，則「人有力我亦有力」，尚能做到；而「人無力我亦無力」就沒法辦了。

因此，筆者認為，古譜所謂「發勁似放箭」，不是以放出的箭來喻太極拳的勁，而是以放箭時弓把和弓梢發的分張兩奪形象來比喻說明身體與四肢發勁時的形象。

十五、釋「折疊」與「轉換」

李亦畬《五字訣》中云：「往復須有折疊，進退須有轉換」。

「折疊」是指推手時上體兩肢連續使用八卦進行粘走，折疊人力而言。這種解釋是正確的。

如推手時，手的往復，時時含著接、引、進、轉、擊等五種意圖，以埃機襲人。因之手在往復中是含有粘走變化的。這種變化外圓而內方，因其外圓，故不露形跡；以其內方，在走化誘發時，即形成一些曲折往復動作，這種動作一起一伏，一橫一直，一上一下，一左一右……好似折疊人勁一樣，故叫「折疊」。

或謂，「折疊」是指推手時折疊對方四肢而言。筆者認為這種說法欠妥。如果真是折疊對方的四肢，那麼「捨己從人」、「借力打人」、「打人不讓對方感覺有被屈處」就沒法解釋了。

「轉換」是指下體兩肢隨人動轉，運用五行步法轉換虛實而言。如在推手時的進退屈伸、旋轉等虛實變換中，那種互為其根的虛實變化，即為「轉換」。

十六、釋「擎、引、鬆、放」

擎者：隨人動，一面走化其力，一面吃住彼之勁根，使其一足支身，力不得發，身不得動也。

引者：引其發力也。

我感覺其勁根已為我吃住，即整我身，蓄我勢，以備發。由於我坐腿蓄勢，對方感覺我對其迫力一鬆，必思掙扎起來向我反擊。

鬆者：我為了發力，要周身放鬆，靜待對方向我發力。

放者：俟對方向我反擊的力量，將發末出之時，我接走彼勁，認定彼準頭而發之也。

如果對方不向我反擊，我蓄勁後，認定對方準頭而去亦可，不過沒有上述借力而發省力、效果大罷了。

十七、釋「準頭」和「端的」

李亦畬擎引鬆放四字秘訣中有「放時腰腳認端的」一語。

武禹襄敷蓋對吞四字秘訣中有「以氣對彼來處，認定準頭而去也」一語。

「準頭」乃腰腳也。

「端的」清也，準也。「認端的」乃認清，認準也。

「認定準頭而去」，是說發人時應看準一定的目標而

去也。

　　結合起來看，即發人時應看清對方腰在哪條腿上，哪個腳上，即向哪個腳的外側，踝骨外 3.3 公分處之地面上去之也。

十八、釋「三易」

　　拳術中所謂「三易」，乃易骨，易筋，洗髓。亦即明勁，暗勁，化勁。

　　明勁：練精化氣，為武火。

　　暗勁：練氣化神（即練氣歸神），為文火。

　　化勁：練神還虛，為火候純也。

　　火候純，則內外一氣成矣，再練，則亦無勁，亦無火，入於虛靈神化矣。

十九、釋「騰挪閃戰」

　　李傳云：「騰挪閃戰」，楊傳云：「騰挪閃展」。

　　騰：提頂、拔腰、蹬足、撐臂，力含上騰之意；

　　挪：轉腰，扣膝，裹襠，甩胯，挪動對方力向；

　　閃：使對方力量被閃落空，擊不中我的勁根與身體；

　　戰：我意氣貫周身，周身骨節開展而發也（此乃以周身一家之力發人，絕非只用手推，肘擊，胯打之力也）。

　　郝少如著《武式太極拳》內云：騰挪，乃蓄「發人之力」亦即預動之意；閃戰，乃以放箭似的剛力發人也。

二十、「輕、重、浮、沉」解

　　雙重為病：失於填實（填腰則不靈活，實而無蓄）。

雙沉不為病：實而有蓄，能靈活運用。

雙浮為病：只如漂渺，浮而無根。

雙輕不為病：有根之輕。

半輕半重：半有著落。

偏輕偏重：偏無著落，心失方圓。

半浮半沉：失於不及。

半輕偏輕：靈而不圓。

偏浮偏沉：失於太過。

半重偏重：滯而不正。

半浮偏浮：茫而不圓。

若雙輕不近於浮，雙沉不近於重，半有著落，靈而不昧，堅整不滯，乃為平手，除此以外皆為病手。

拳　論

一、練功三階段

先生云，練太極拳有三個階段：初期如不會游泳的人站在水中，兩足踏地，身體與手足動作，如有水之阻力，感覺滯重不靈，搖曳不定；中期，身體仍如在水中，但兩足浮不著地，如善泅者浮游其間，身軀四肢皆自如也；後期，身體愈輕靈，兩足如站水面上，到此地步，心中感覺，戰戰兢兢，如臨深淵，如履薄冰，不敢有一絲放肆之意，神氣稍散亂，即恐身體降落下去。

拳經云「神氣四肢，總要完整，一有不整，身心散亂，心主偏倚，而不能有靈活之妙矣」，即此之意也。

二、論「不丟不頂」

論一：能不丟不頂，則粘黏連隨自得，但不丟不頂不是容易做到的。

比如，人退我進，彼此兩手（或身體其他部分），雖然是相接未離，但接觸的密度無故稍鬆，或自己手上的力量無故稍減，亦即犯了「丟」的錯誤。

「不頂」，並非一般人所說的連一點支撐力也沒有，純柔相隨；而是以我之力（支撐力）接定彼之來力，以變

換虛實，隨屈就伸，達到錯開勁頭，兩手支撐，無有缺陷。

至去人時須要用力，亦是肯定的，但能做到躲開彼之勁頭而去，即為不頂。

故武禹襄老先生云：「一搭手，有進無退。」遜之先生云：「力之用，飄為貴。」前者係說明搭手用力，後者係說明發人用力，均合不丟不頂的要求。

郝為真老先生，生前曾在桌子上以指帶動火柴盒，使之旋轉，以此解釋＂不丟不頂＂，實是絕好例證。而與現在一般不明太極拳理的人們，推手時所用的按字測意的所謂不丟不頂，實有不淵之別，學者不可不詳味焉。

論二：太極拳推手時要求「不丟不頂」。有些人不知「不丟不頂」究竟怎樣練習，只從字面上來研究，而不在推手應用上去探討，因之在推手時多係輕接對方手和臂，不管自己周身相隨否，不管彼此勁究竟相接否，一味在兩臂上追求彼進我退，彼退我追的從人不由己的所謂「不丟不頂」，因而使「不丟不頂」、「粘連黏隨」失去了應有的作用。「粘連黏隨」、「不丟不頂」必須在「周身一家」、「上下相隨」、「接定彼勁」三個條件下去進行，才能起到作用，才能使對方在自己的手或臂的帶動下，站立不穩，輕則跳躍不停。

例如，將一火柴盒，放在桌上，伸一指捺其上，意欲讓火柴盒隨指的帶動，在桌上移動位置。如果用的力大了，則火柴盒被捺得太緊，不能被手指帶動；如果用的力量太小了，則手指和火柴盒接觸得太鬆亦不能帶動火柴盒移挪位置，因此，用的力量必須不大不小，捺得不輕不

重，才能靈活地使火柴盒在自己手指的帶動下，在桌上來往或盤旋轉動。這正和推手時用力應不大不小，不丟不頂，恰好帶動對方一樣。

三、論「開合收放」

開合，收放，原為一體，不宜分談，更不能分練。開即放，合即收，收為吸，放為呼。收則周身筋縮，骨節緊合，肌肉鬆靜，所謂一靜無有不靜，靜是合，合中寓開。呼則周身筋伸骨節開展，肌肉緊縮堅實，所謂一動無有不動，動是開，開中寓合。

開合指周身筋骨肌肉而言，收放指呼吸行氣而言，二者互為裏表，不容稍離，否則不能靈活，堅整。

誠能開合收放，內外合一，不但在增強體力上效果顯著，在推手上亦可逐步縮小其動作，由有形歸無形，漸至一吸即走，一呼即發，所謂意動身不動的境地。

四、論呼吸

太極分陰陽，在氣為吸呼。呼乃開與發，吸為合共收。初學求自然，習久須講究，能教一氣先，莫教一氣後。

五、對王宗岳《太極拳論》中「高深長促」等字用法的體會

以前筆者對王宗岳拳論中的「仰之則彌高，俯之則彌深，進之則愈長，退之則愈促」數語的體會是，人想仰高我隨之使更高，人俯身下沉，我隨之更深，人向我進逼，

我使人感覺我還有後退餘地，人後退時，我要緊促地跟上去使其無立足之地。這些體會，基本上和一般人所見是相同的，依而練習，亦不見什麼功效。

後來與一位較自己身高的人推手，運用「仰之則彌高」法則時，自己雖盡力高上去，亦高不過人家。為了解決這個問題，筆者經過幾次思考，得出一個結論：即對方欲想仰之向上時，我在仰上速度上，力量上，要超過對方。即所謂後發先至，彼即為我所動。這樣既合了「仰之則彌高」的法則，並合了「彼不動，自不動，彼微動，己先動」的論述。其餘深、長、促等句，亦均感如此去做，甚為合適，故特記之。

六、對「陰陽相濟、粘走互濟」的探索

王宗岳《太極拳論》中云：「粘即是走，走即是粘；陰不離陽，陽不離陰」。筆者多年來只能做到粘然後走，或走然後粘，而不能使粘走互濟，如李亦畬《五字訣》中所述「左重則左虛而右已去，右重則右虛而左已去」那樣。

筆者在練習中，在虛實互易時結合了發力，得出一種「一面走化人力，一面發人的周身一家力量」。思之與「粘即是走，走即是粘，陰不離陽，陽不離陰」甚合，故志之，以備繼續探索。

七、對「似鬆非鬆，將展末展」之我見

有人云：「似鬆非鬆，將展末展」，乃自己練功時周身筋肉似鬆非鬆，四肢骨節（或勁）將展末展。

或云：「似鬆非鬆」乃推手時我已占絕對優勢，而停止對對方進迫，似是鬆了，但神意仍專注著，等待對方發力反攻。「將展未展」是待對方反攻力量將發未發出來時，迎頭擊之。

記得陳秀峰曾在「似鬆非鬆，將展未展，勁斷意不斷」後面，又加上「藕斷絲連」四個字倒頗恰當。

筆者根據這句話出現在「彼不動，己不動，彼微動，己先動」打手要言後面，感覺「似鬆非鬆，將展未展」這句話說的是打手時彼我之間的事。自己在推手時亦有這樣的體會：「似鬆非鬆」指彼此欲發前一種不即不離的狀態，在此狀態下互相感受對方的勁力，有此感受後，自己就當把勁鬆開，嚴陣以待，聚精會神地靜聽彼勁怎樣來，彼力一動，尚未展開的時候，即所謂將展未展，我即撫定彼之勁頭，對準彼之勁根，搓揉之，彼必跌出。此亦正合所謂「不先不後，不丟不頂」了。丟了（亦即接得鬆了），則摸不出彼勁；頂了，彼有感則變；先了，彼能走化；後了，彼力己能施展，主動在彼，我進無益。

八、論　勁

太極拳之勁，重內而不重外，重根而不重梢，圓整混一，靈活不滯，堅、韌、剛、柔，四者俱備，斯為正宗。

勁之運用，神意領先，氣力隨至，粘走應變，有賴肢軀。如，起於腳，變於腿，含於胸，適於肩，輸於臂，形於指，發於脊，主於腰。由腳而腿而腰，要完整一氣。由於而臂而肩，要一氣貫串。腰通脊柱，上與兩肩兩膊相繫，下與兩胯兩腿相隨，上下貫通，手腳相濟。

勁之轉變：腰脊如車軸，肢體如輞輻，行氣如車輪。動則俱動，軸動則輞輻自動，靜則俱靜，軸靜則車輪自止。

勁的收放，由內抽貫，意領神導，漸隱漸現。這種以意導氣，起落，展拓，變化自如的勁，管它叫「粘勁」。

勁有數種：創勁太直，難於起落；攻勁太死，難於變化；繃勁、抖勁太促，難於展拓，且都失之剛多柔少，形跡外露，容易致傷。

唯有粘勁，劣少優備，手到勁發，又靈又疾，俯仰旋轉，變換如意，蓄發無形，動靜隨機。用於推手，壯弱咸宜，從容走化，沉著粘依，氣斂神聚，意靜身逸，經常習此，可以蓄神，可以養氣，可以活血，可以健肌，可以通經舒絡，可以強筋長力，卻病延年，無一言而多益，是以粘勁，太極最尚。

九、太極拳走架行功說略

昔人云：「周身一家如練到，拳術即上康莊道。」誠見周身一家在太極拳技擊上是一種極為重要的基本功夫。平時走架的目的說是為了練習手、眼、身法、步，實際就是練習「周身一家」。

周身一家的練法要求周身上下內外一動無有不動，一靜無有不靜的統一運動，故其在強身保健與醫療上具有十分重要的作用。

初學不明途徑，不得要領，有的上下不能相隨，有的內外不能相合，做不到周身協調地統一運動，因此阻礙了太極拳在醫療保健上良好效果的發揮。為了克服上述缺

點，提高太極拳在強身保健與醫療上的效果，使太極拳更好地為人民體育事業服務，現根據筆者見聞體會所及略述於下。

走架行功必須在「周身一家」上用功夫，一舉一動都要注意周身的統一運動。欲想周身一家，須知內外三合，內練神氣，外練肢體，內外兼修方為合法。

外三合者，手與足合，肘與膝合，肩與胯合。其運用乃以腰為主。上與兩肩兩膊相繫，下與兩胯兩腿相隨，上、中、下三節相適應。為此練去，則周身自然上下相隨，中正不偏，久練可以矯正體態，使走架姿式順隨美觀，使身體重心穩固，動作靈活，為進一步練習推手打下得機得勢無有缺陷的基礎，所以在行功時必須注意外三合。

內三合者，神與意合，意與氣合，氣與力合。其運用乃以神導意，以意導氣，氣至力生。神似帥，意似將，氣似兵，神意為氣之領導，氣是力之生母。無神意領導，則氣無所從，氣無所從，必致散漫，氣勢散漫，則力無生母，力無生母，則力不堅整，身易散亂。走架時，神、意、氣三者如不相合，如此練去，對充沛精神，增長體力，醫療內臟與神經系統疾病，均有莫大妨礙，所以在行功時要神、意、氣三者密切相合。

內外三合，實為裏表，一主一副，不能偏廢，古譜行功歌云「意氣君來骨肉臣」正說明這點。誠恐學者重外而輕內，只學外表形式，不顧神、意、氣的運行，減少了身體內部橫膈膜與臟腑直接和間接的運動；或過於輕外而重內，對身法要求不嚴格，因之產生聳肩，駝背，鍋腰，出

臀以及頭歪、項斜、脊椎偏倚等不良姿態。如不及時糾正，結果不但減少了醫療保健的實效，而且妨礙了身體各部的正常發展，影響了走架姿式的順隨與美觀。兩種偏向均應切忌。

但鍛鍊神氣，必依法則，運動肢體，亦有定方。當知神非鎮靜不能清，氣非團聚不能剛，頂懸脊豎則體正，手腳相隨則式圓，提頂吊襠而鬆肩沉肘則沉著鬆靜，含胸拔背而裹襠護肫，則周旋健捷；身軀進退，不偏不倚，四肢屈伸，忌僵忌直，以神導意，宜靜宜緩，以意導氣，漸隱漸現。手一出，神先領導，足一動，意即注之，目為神舍，目到則神至，氣隨意行，意注則氣凝。眼不離手，伸手則神氣畢集，意不忘足，著足則力量俱來。

如此練去，時刻注意外部的手、足、肘、膝、肩、胯的上下相隨，與內部的神、意、氣上下運行，內外相合，形成周身上下，內外，一動無有不動，一靜無有不靜的統一運動，即周身一家，六合混一的基本練法。謹守此法，堅持練習，漸成習慣，一動則上下相隨，內外相合，周身一氣貫串，則所謂周身一家功夫成矣。

周身一家的運動，要求每一舉動，具有周身肌肉、筋絡、骨節以及內部橫隔膜、臟腑內外一動俱動的特點，此乃太極拳所以能卻病延年，應用於醫療保健的根本原因。正如古人所說「流水不腐，戶樞不蠹」的道理。這是練習太極拳欲想強身健體防治疾病慎勿忽視的一種特效方法，而且是練習太極拳推手時欲想得機得勢，無有缺陷，重心穩固的基本功夫，願同好者，慎勿忽視焉。

論 打 手

一、打手小序

二人打手之際，立身務須中正，方能支撐八面。精神能提得起，則無雙重之虞；意氣須換得靈，乃有圓活之趣；粘依能跟得上，方見落空之妙。往復須分陰陽，進退須有轉合，機由己發，力從人借，蓄勁如張弓，發勁似放箭，曲中求直，蓄而後發。

發勁以前，先要神氣鼓蕩，氣勢騰挪，精神貫注，腹內鬆靜，兩肩鬆開，氣向下沉。勁起於腳跟，變換在腿，含蓄在胸，運動在兩肩，主宰在於腰，上與兩膊相繫，下與兩腿相隨。勁由內換，收即是合，放即是開，靜則俱靜，靜是合，合中寓開。動則俱動，動是開，開中寓合，觸之則旋轉自如，無不得力，這樣才能引進落空四兩撥千斤。

凡去人之時，發勁要有整勁（即抖勁），發勁時切記不可猶豫。倘不得勢，使不順勁，即不可發勁，發必頂勁（即阻擊也）。

如遇此時，即默識揣摩，漸至從心所欲。萬不可彼有力我即以力支撐，本是捨己從人，多誤捨近求遠，所謂差之毫釐，謬之千里，學者不可不詳辨焉，是為序。

二、初學推手四要

接、隨、走、擠為初學推手四要。

（1）接：接走人勁也

不接定人勁，則不能知人，不能知人，則不能從人，不能從人，則必由己，由於由己，則畢生習練亦只能以著打人之身，不能擎起人勁打人之勁，與外家無異。

正宗岳《太極拳論》末云：「本是捨己從人，多誤捨近求遠，所謂差之毫釐，謬之千里，學者不可不詳辨焉。」這是告誡後之學者，不要只學自己的用著打人，以致不自覺地誤入歧途也。

（2）隨：隨人而動也

不能隨人而動，就要由己妄動，就不能時刻掌握著人勁的動向與企圖，丟、頂、偏、抗等病勢必產生。因此欲想做到捨己從人，粘黏連隨，引進落空，四兩撥千斤，就必須在隨字上用功夫。

（3）走：走化人力也

不會使自己得機得勢走化人力，使之落空，就不能做到粘依跟得靈，引進落空四兩撥千斤。欲想走化人力後，自己仍能得機得勢，就必須周身一家，上下相隨。首先使自己周身沒有缺陷，然後接走彼勁，靜心聽準彼勁之動向，隨屈就伸使之落空而後發也。

（4）擠：擠之使人出也

初學推手者，發人時有發無收，腳手不隨，不能用周身一家之勁。發人用擠，就可免去以後只會用剛勁發人，不會用柔勁拿人，以及推手時動手傷人的缺點。俟有一定

基礎之後，即不以掤字為限矣。

三、推手打勁方法

（1）打「來勁」用「截」或「牽」

彼勁己向我來，若來勢不猛，我則正面迎接，而從側面截擊之，使彼不得發揮其力，而為我制；若來勢甚猛速，用截不及，即可用牽，順其力向借其來力而跌之。

（2）打「回勁」用「隨」

彼感落空，意欲回收，我粘定其勁，隨彼勁緊逼之，使彼無容身之地。

（3）打「停勁」用「串」

彼勁發盡而未變，或彼勁欲進不能，欲退不可時，恃力堅持，我串擊之。即所謂挨肘串肩，挨肩串腰。

（4）打「出勁」用「搓」

彼勁將展末展，勁頭剛出，我即換其勁頭而搓之，同時並對準其腳跟，彼必跌出。

（5）「打悶勁」用「捂」

運勁於周身。以手、肘等處，接定彼勁，神意攏住彼之周身，捂住彼之勁頭，逼定彼之勁根，使彼身不得動，力不得出也。彼勁若堅欲發出，則必以其力還擊其身。

四、推手四級功

粘、接、靈、化為習練推手的四個階段。

（1）粘：粘連相隨永得機

這時尚不能接勁打人，發勁時還得接觸到對方身上，但自己能引進落空，得機得勢。必須基本上練到周身一

家，腳手隨的程度乃可。

（2）接：接定彼肢擊彼力

此接勁打人也，發人時只接觸到對方四肢或身上某一點，即能拔起對方的勁根，使對方不能換力而被發出。必須心靜，身整，接定彼勁，或能用「擎引鬆放」四字訣乃可。

（3）靈：靈虛使人進退難

至此階段，即能引對方完全落空，使之不能自主，既不能進，又不能退，聽我指揮。必須斂氣入骨，接定彼勁，穩化彼力，才能使之深陷我圈內而不能出，聽我指揮；或能用敷、蓋、對、吞四字訣乃可。

（4）化：化爲神意無形跡

必須練到神聚，氣斂，心靜，身靈，勁整五者俱備乃可。到此地位，發人動作極小，則所謂「意動身不動」矣。像武禹襄晚年，能不動腳手、站著，令人以拳擊其背，將人發出；李亦畬晚年，坐著不動，讓人來擊，將人發出；以及郝爲真曾站著不動，使人擊其胸，能使人跌出，均是實例。

第八編

古典拳論

古典拳論

一、山右王宗岳太極拳論

太極者，無極而生，陰陽之母也。動之則分，靜之則合。無過不及，隨屈就伸。人剛我柔謂之走，我順人背謂之粘。動急則急應，動緩則緩隨，雖變化萬端而理唯一貫。由著熟而漸悟懂勁，由懂勁而階及神明。然非用功之久，不能豁然貫通焉。虛領頂勁，氣沉丹田。不偏不倚，忽隱忽現。左重則左虛，右重則右杳；仰之則彌高，俯之則彌深；進之則愈長，退之則愈促。一羽不能加，蠅蟲不能落；人不知我，我獨知人。英雄所向無敵，蓋皆由此而及也。

斯技旁門甚多，雖勢有區別，概不外壯欺弱，慢讓快耳；有力打無力，手慢讓手快，是皆先天自然之能，非關學力而有也。察「四兩撥千斤」之句，顯非力勝；觀耄耋禦眾之形，快何能為？

立如秤準，活似車輪；偏沉則隨，雙重則滯。每見數年純功不能運化者，率皆自為人制，雙重之病末悟耳。欲避此病，須知陰陽；粘即是走，走即是粘；陽不離陰，陰不離陽；陰陽相濟方為懂勁。懂勁後，愈練愈精，默識揣摩，漸至從心所欲。是捨己從人，多誤捨近求遠。所謂差

之毫釐，謬之千里，學者不可不詳辨焉。是為論。

王宗岳

二、十三勢（亦名長拳）

長拳者：如長江大海，滔滔不絕也。

十三勢者：掤攦擠按採挒肘靠進退顧盼定也。掤攦擠按，即坎離震兌四正方也；採挒肘靠，即乾坤艮巽四斜角也。此八卦也。進步、退步、左顧、右盼、中定，即金木水火土也。此五行也。合而言之，曰十三勢。

山右王宗岳

三、探太極拳之源

予閱聊齋十四卷，李超武技傳，淺識此技始末。王漁詳云：拳勇之技，少林為外家，武當張三峰為內家，三峰之後又有關中人正宗岳，宗傳溫州陳州同，州同明嘉靖間人，故今兩家之傳，盛於浙東。順治中，王來咸字征南其最著，鄞人也。征南之徒又有僧耳，僧尾者，皆僧也。

李亦畬

四、十三勢架

懶紮衣，單鞭，提手上勢，白鵝亮翅，摟膝勒步，手揮琵琶式，摟膝拗步，手揮琵琶式，上步搬攔捶，六封四閉，抱虎推山，單鞭，肘底看捶，倒攆猴，白鵝亮翅，摟

膝拗步，三通背，單鞭，雲手下勢，更雞獨立，倒攆猴，白鵝亮翅，摟膝拗步，三通背，單鞭，雲手，高探馬，左右起腳，轉身踢一腳，踐步打捶，翻身二起，披身，踢一腳，蹬一腳，上步搬攔捶，六封四閉，抱虎推出，斜單鞭，野馬分鬃，單鞭，玉女穿梭，單鞭，雲手，高探馬，十字擺蓮，上步指襠捶，單鞭，上步七星，退步跨虎，轉腳擺蓮，彎弓射虎。

注：此篇抄自李亦畬自存本

五、十三勢說略

每一動，唯手先著力，隨即鬆開，猶須貫串，不外起承轉合。始而意動，既而勁動，轉接要一線串成。氣宜鼓蕩，神宜內斂，無使有缺陷處，無使有凸凹處，無使有斷續處。其根在腳，發於腿，主宰於腰，形於手指。由腳而腿而腰總須完整一氣，向前退後，乃得機得勢，有不得機勢處，身便散亂，必致偏倚，其病必於腰腿求之。上下、前後、左右皆然。凡此皆是意，不是外面，有上即有下，有前即有後，有左即有右。如意要向上，即寓下意，若物將掀起，而加以挫之之力，斯其根自斷，乃壞之速而無疑。虛實宜分清楚，一處自有一處虛實，處處總此一虛實，周身節節貫串，勿令絲毫間斷。

禹襄武氏並識

六、十三勢行功歌訣

十三總勢莫輕識，命意源頭在腰隙，
變轉虛實須留意，氣遍身軀不稍癡。
靜中觸動動猶靜，因敵變化是神奇，
勢勢存心揆用意，得來不覺費功夫。
刻刻留心在腰間，腹內鬆靜氣騰然，
尾閭正中神貫頂，滿身輕利頂頭懸。
仔細留心向推求，屈伸開合聽自由，
入門引路須口授，功用無息法自休。
若言體用何為準，意氣君來骨肉臣；
詳推用意終何在？益壽延年不老春。
歌兮歌兮百四十，字字眞切意無疑，
若不向此推求去，枉費功夫遺歎息!

王宗岳

七、十三勢行功歌解

解曰：

以心行氣，務沉著，乃能收斂入骨。所謂命意源頭在腰隙也。

意氣須換得靈，乃有圓活之趣，所謂變轉虛實須留意也。

立身中正安舒，支撐八面，行氣如九曲珠，無微不到。所謂氣遍身軀不稍癡也。

發勁須沉著鬆靜，專注一方。所謂靜中觸動動猶靜

也。

往復須有折疊，進退須有轉換。所謂因敵變化示神奇也。

曲中求直，蓄而後發。所謂勢勢存心揆用意，刻刻留心在腰間也。

精神提得起，則無遲重之虞。所謂腹內鬆靜氣騰然也。

虛領頂勁，氣沉丹田，不偏不倚。所謂尾閭正中神貫頂，滿身輕利頂頭懸也。

以氣運身，務順遂，乃能便利從心。所謂屈伸開合聽自由也。

心為令，氣為旗，神為主帥，身為軀使。所謂意氣君來骨肉臣也。

亦畬李氏識

八、身　法

含胸，拔背，裹襠，護肫，提頂，吊襠，鬆肩，沉肘，騰挪，閃戰。

武禹襄

九、太極拳走架自話歌

提頂吊襠心中懸，鬆肩沉肘氣丹田；
裹襠護肫須下勢，含胸拔背落自然；
初勢左右懶紮衣，雙手推出拉單鞭；

提手上勢望空看，白鵝亮翅飛上天；
摟膝拗步往前打，手揮琵琶躲旁邊；
摟膝拗步重下勢，手揮琵琶又一番；
上步先打迎面掌，搬攔捶兒打胸前；
如封似閉往前按，抽身抱虎去推山；
回身拉成單鞭勢，肘底看捶打腰間；
倒攆猴兒重四下，白鵝亮翅到雲端；
摟膝拗步須下勢，收身琵琶在胸前；
按式翻身三通背，扭項回首拉單鞭；
雲手三下高探馬，左右起腳誰敢攔；
轉身一腳栽捶打，翻身二起踢破天；
披身退步伏虎式，踢腳轉身緊相連；
蹬腳上步搬攔捶，如封似閉手向前；
抱虎推出重下勢，回頭再拉斜單鞭；
野馬分鬃往前進，懶紮衣服果然鮮；
回身又把單鞭拉，玉女穿梭四角全；
更拉單鞭真巧妙，雲手下勢探清泉；
更雞獨立分左右，倒攆猴兒又一番；
白鵝亮翅把身長，摟膝前手在下邊；
揮手按式龍出水，通背三下拉單鞭；
雲手高探對心掌，十字擺蓮往後翻；
指襠捶兒往下打，懶紮衣服緊相連；
再拉單鞭重下勢，上步就是七星拳；
收身退步拉跨虎，轉身去打雙擺蓮；
海底撈月須下勢，彎弓射虎項朝前；
懷抱雙捶誰敢進，走遍天下無人攔；

歌兮歌兮六十句，不遇知己莫輕傳。

啓軒偶成

十、釋原論

動之則分，靜之則合

分，謂陰陽分；合，謂陰陽合。太極之形，如此分合，皆謂己而言。

人不知我，我獨知人：

懂勁之謂也，揣摩日久自悉矣。

引勁落空，四兩撥千斤：

合即撥也，此字能悟，真有夙慧者也。

左重、右重、仰之、俯之、進之：

是謂人也。

左虛、右杳、彌高、彌深、愈長：

是謂己，亦謂人也。虛、杳、高、深、長，人覺如此。我引其落空也。

退之則愈促：

乃人退我進，促迫彼無容身之地，如懸崖勒馬，非懂勁不能走也（或不能如是也）。

此六句，左右前後上下之謂是矣。

偏沉則隨，雙重則滯：

是比活似車輪而言，乃己之謂也。

一邊沉則轉，兩邊重則滯，不使雙重，即不為制矣，是言己之病也。

硬則如此，軟則隨，隨則捨己從人，不致膠柱鼓瑟

矣。

十一、太極拳解

解曰：

身雖動，心貴靜，氣須斂，神宜舒。心為令，氣為旗，神為主帥，身為軀使，刻刻留意，方有所得。先在心，後在身，在身則不知手之，舞之，足之，蹈之。所謂一氣呵成，捨己從人，引進落空，四兩撥千斤也。須知一動無有不動，一靜無有不靜，視動猶靜，視靜猶動，內固精神，外示安逸，須要從人，不要由己，從人則活，由己則滯，尚氣者無力，養氣者純剛。彼不動，己不動，彼微動，己先動，以己依人，務要知己，乃能隨轉隨接。以己粘人，必須知人，乃能不後不先。精神能提得起，則無雙重之虞，粘依能跟得靈，方見落空之妙。往復須分陰陽，進退須有轉合，機自己發，力從人借。發勁須上下相隨，乃一往無敵。立身須中正不偏，能八面支撐，靜如山嶽，動若江河，邁步如臨淵，運勁如抽絲，蓄勁如張弓，發勁似放箭，行氣如九曲珠，無微不到，運勁如百煉剛，何堅不摧，形如搏兔之鵠，神如捕鼠之貓；曲中求直，蓄而後發。收即是放，連而不斷。極柔軟然後能極堅剛；能粘依然後能靈活。氣以直養而無害；勁以曲蓄而有餘，漸至物來順應，是亦知止能得矣。

又曰：

先在心，後在身。腹鬆，氣斂入骨，神舒體靜，刻刻

291

存心。

切記：一動無有不動，一靜無有不靜。視靜猶動，視動猶靜，動牽往來氣貼背，斂入脊骨，要靜。內固精神，外示安逸。邁步如貓行，運勁如抽絲。全身意在蓄神，不在氣，在氣則滯。有氣者無力；無氣者純剛。氣如車輪，腰如車軸。

又曰：

彼不動，己不動；彼微動，己先動。似鬆非鬆，將展未展。勁斷意不斷。

廉泉武氏識

十二、〈五字訣〉序

太極拳不知始自何人，其精微巧妙，正宗岳論詳且盡矣。後傳至河南陳家溝陳姓，神而明者代不數人。我郡南關楊某愛而往學焉，專心致志，十有餘年，備極精巧。旋里後，市諸同好。母舅武禹襄見而好之，常與比較，伊不肯輕以授人。僅能得其大概。

素聞豫省懷慶府趙堡鎮有陳姓名清平者精於是技，逾年母舅因公赴豫省，過而訪焉。研究月餘，而精妙始得，神乎技矣。

予自咸豐癸丑，時年二十餘，始從母舅禹襄學習此技，口授指示，不遺餘力，奈予質最魯，廿餘年來，僅得皮毛。竊意其中更有精巧，茲謹以所得筆之於後，名曰五字訣，以識不忘所學云。

光緒辛巳中秋念六日亦畬氏謹識

十三、五字訣

一曰心靜：

心不靜，則不專；一舉手，前後左右全無定向，故要心靜。

起初舉動未能自己，要悉心體認。隨人所動，隨屈就伸，不丟不頂，勿自伸縮。彼有力我亦有力，我力在先；彼無力我亦無力，我意仍在先。要刻刻留心，挨何處，心要用在何處；須向不丟不頂中討消息。從此做去，一年半載便能施於身。此全是用意，不是用勁。久之，則人為我制，我不為人制矣。

二曰身靈：

身滯則進退不能自如，故要身靈。舉手不可有呆相，彼之力方挨我皮毛，我之力已入彼骨裏，兩手支撐，一氣貫串，左重則左虛而右已去，右重則右虛而左已去。氣如車輪，周身俱要相隨，有不相隨處身便散亂，便不得力，其病於腰腿求之。

先以心使身，從人不從己；後身能從心，由己仍是從人。自己則滯，從人則活，能從人手上便有分寸，稱彼勁之大小，分厘不錯；權彼勁來之長短毫髮無差。前進後退處處相合；功彌久而技彌精矣。

三曰氣斂：

氣勢散漫，便無含蓄，身易散亂，務使氣斂入脊骨。呼吸通靈，周身罔間。吸為合為蓄；呼為開為發。蓋吸則自然提得起，亦拿得人起，呼則自然沉得下，亦放得人出。此是以意運氣，非以力使氣也。

四曰勁整：

一身之勁，練成一家，分清虛實。發勁要有根源，勁起於腳跟，主於腰間，形於手指，發於脊背。又要提起全副精神，於彼勁將出未發之際，我勁已接入彼勁，恰好不後不先，如皮燃火，如泉湧出。前進後退無絲毫散亂，曲中求直，蓄而後發，方能隨手奏效。此謂借力打人，四兩撥千斤也。

五曰神聚：

上四者俱備，總歸神聚。神聚則一氣鼓鑄；煉氣歸神，氣勢騰挪，精神貫注；開合有致，虛實清楚。左虛則右實，右虛則左實。虛非全然無力，氣勢要有騰挪；實非全然站煞，精神要貴貫注。緊要全在胸中腰間運化，不在外面，力從人借，氣由脊發。

胡能氣由脊發：氣向下沉，由兩肩收於脊骨，注於腰間。此氣之由上而下也，謂之合；由腰行於脊骨，布於兩膊，施於手指，此氣之由下而上也，謂之開；合便是收，開即是放。能懂得開合，便知陰陽，到此地位，功用一日，技精一日，漸至從心所欲，罔不如意矣。

李亦畬

十四、李亦畬：左右虛實圖

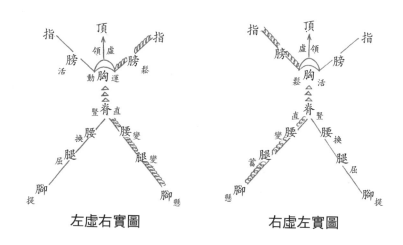

左虛右實圖　　　　　　右虛左實圖

十五、論虛實開合

　　實非全然站煞，實中有虛；虛非全然無力，虛中有實。右二圖（即左右虛實圖）舉一身而言，誰是虛實之大概，究之周身無一處無虛實，又離不得此虛實，總要聯絡不斷，以意使氣，以氣運勁，非身子亂挪，手腳亂換也。虛實即是開合，走架打手著著留心，刻刻留意，愈練愈精，功彌久技彌精矣。

李亦畬

十六、拳　論

　　初學推手，先學搌、按、肘。此用搌，彼用肘，此用

按，彼用攦，此用肘，彼用按。二人一樣，手不離手，互相粘連，來往循環，週而復始，謂之老三著。

以後高勢、低勢漸漸加多，周身上下，打著何處，何處接應。身隨勁（己之勁）轉，論內勁不論外形。此打手摩練之法，練得純熟時，能引勁（人之勁）落空合出，則藝業成矣。

然非懂勁（此勁字兼言人、己）不能。人之勁怎樣來，己之勁當怎樣引，此中巧妙，必須心悟，不能口傳。

心知才能身知，身知勝於心知，徒心知尚不適用，到得身知方為懂勁，懂勁詢不易易也。

攦：本音樓，牽也，

又，龍珠切，曳也，挽使伸也。

俗音呂。

武秋瀛

十七、走架打手行功要言

昔人云：能引進落空，能四兩撥千斤；不能引進落空，不能四兩撥千斤。語甚概括，初學未由領悟，余加數語以解之，伸有志斯技者，得所從入，庶日進有功矣。

欲要引進落空，四兩撥千斤，先要知己知彼。欲要知己知彼，先要捨己從人。欲要捨己從人，先要得機得勢。欲要得機得勢，先要周身一家。欲要周身一家，先要周身無有缺陷。欲要周身無有缺陷，先要神氣鼓蕩。欲要神氣鼓蕩，先要提起精神，神不外散。欲要神不外散，先要神氣收斂入骨。欲要神氣收斂入骨，先要兩股前節有力。兩

肩鬆開，氣向下沉，勁起於腳跟，變換在腿，含蓄在胸，運動在兩肩，主宰在腰。上於兩膊相繫，下於兩腿相隨。勁由內換，收便是合，放即是開，靜則俱靜，靜是合，合中寓開；動則俱動，動是開，開中寓合。觸之則旋轉自如，無不得力。才能引進落空，四兩撥千斤。

觀前頁論解圖說詳且盡矣，然初學未能驟幾也。予故以意見所及者淺說之，欲後學一目了然焉。

夫拳名太極者，陰陽即虛實，虛實明然後知進退，進固是進，進中留有退步，退仍是進，退中隱有進機。此中轉關在身法，虛領頂勁而拔背含胸，則精神提起；氣沉丹田而裹襠護肫，則周旋健捷；肘宜屈而能伸，則支撐得勢；膝宜蓄，蓄而能放，則發勁有力。

至與人交手，則手先著力，只聽人勁，務要由人，不要由己，務要知人，不要使人。知己則上下前後左右自能引進落空，則人背我順，此其轉關則在乎鬆肩，主宰於腰，根於腳，俱聽命於心，一動無有不動，一靜無有不靜，上下一氣，即所謂立如秤準，活似車輪，支撐八面，所向無敵。

人勁方來，未能發出，我即打去，此謂打悶勁。人勁已來，我早靜待著身即便打去，此謂打來勁。人勁已落空，將欲換勁，我隨打去，此謂打回勁。由此體驗，留心揣摩，自能從心所欲，階及神明焉。

平日走架，是知己功夫，一動勢先問自己周身合上數項不合，少有不合，即速改換，走架所以要慢不要快。打於是知人功夫，動靜固是知人，仍是問己，自己安排得好，人一挨我，我不動彼絲毫，趁勢而入，接定彼勁，彼

自跌出，如自己有不得力處，便是雙重未化，要於陰陽開合中求之。所謂「知己知彼，百戰百勝」也。

李亦畬

十八、撒放秘訣：擎引鬆放

擎起彼身借彼力。中有靈字。
引到身前勁始蓄。中有斂字。
鬆開我勁勿使屈。中有靜字。
放時腰腳認端的。中有整字。

擎引鬆放四字有四不能：腳手不隨者不能，身法散亂者不能，一身不成一家者不能，精神不團聚一處者不能。欲臻此境，須避此病，不然誰終身由之，究莫得其妙。

李亦畬

十九、四字秘訣：敷蓋對吞

敷：敷者，運氣於己身，敷布彼勁之上，使不得動也。

蓋：蓋者，以氣蓋彼來處也。

對：對者，以氣對彼來處，認定準頭而去也。

吞：吞者，以氣全吞而入於化也。

此四字無形無聲，非懂勁後，練到極精境地者不能知，全是以氣言。能直養其氣而無害，始能施於四體，四體不言喻矣。

武禹襄

二十、敷字訣解

敷所謂一言以蔽之也。人有不習此技而獲聞此訣者，無心而白於余，始而不解及詳味之，乃知敷者包獲周匝，人不知我，我獨知人，氣雖尚在自己骨裏，而意恰在彼皮裏膜外之間，所謂氣未到，而意已吞也。妙絕！妙絕！

李啓軒

二十一、武氏打手法

兩人對立，作雙搭手（即左手咬腕，右手扶肘，或右手咬腕，左手扶肘），搭手之足（左手搭手則左足，右手搭手即右足）在前，一進一退（進者先進前足，退者先退後足）至末步（即第三步），退者收前足成虛步，進者跟後足成跟步。

換手時，搭腕之手不動，扶肘之手由上而換，如此進退搭換，循環不己。

練發勁時，一般皆在應退步而不退時作準備。

練熟後，前進、後退，都可化發。進用按擠，退用掤攦。

注：此篇抄自李亦畬自存本

二十二、打手歌

掤攦擠按須認真，上下相隨人難進。任他巨力來打我，牽動四兩撥千斤。引進落空合即出，粘連黏隨不丟

頂。

王宗岳

二十三、打手歌

掤攦擠按須認真，採挒肘靠就屈伸。進退顧盼與中定，粘連黏隨虛實分。手腳相隨腰腿整，引進落空妙入神。任他巨力向前打，牽動四兩撥千斤。

李亦畬

附　　錄

附錄一：健身六氣法

　　武氏太極拳在練習套路時，每一式的開即是呼氣，並結合了古代的「踵吸法」，用呵、嘻、呼、呬、吹、噓六個字來分別醫治心、肝、脾、肺、腎、膽等各個部分疾病。

　　身體某一部分不健康或欲鍛鍊某一部位，在練習套路呼氣時則輕微地念某一與之對應的字，聲音要極小，自己可以聽到而別人聽不到即可。久練即可收到防病、治病的良好效果。無病之人則用「呵」字以健心臟，按中醫學說，心為君，心健則身康。

呵_心　　　嘻_肝　　　呼_脾

呬_肺　　　吹_腎　　　噓_膽

　　注：此為先師所口授。呼氣結合古代「踵吸法」是武氏太極拳的特點之一。

附錄二：武氏太極拳名人簡介

武禹襄先生

武禹襄（1812—1880），武氏太極拳創始人，名河清，字禹襄，號廉泉。河北永年廣府城內人士，出身武術世家，其兄為河南舞陽縣知縣，本人雖為晚清貢生，但其秉性豪爽，崇尚俠義，自幼即跟父親練習外家拳術，後乘奉母命前往舞陽省兄之機，經永年城內西大街太和堂藥店掌櫃介紹，便道過河南溫縣陳家溝，拜訪陳長興，但陳長興年事已高，臥床不起，復介紹其到趙堡鎮拜訪當地名師陳清萍，並得到陳清萍傾囊相授，研究月餘，奧妙盡得。

到舞陽後，又從其兄澄清處獲得了王宗岳的《太極拳論》從此，無意仕進，一心從事太極拳的研究，其拳技精益求精，直至登峰造極，並結合實踐著有《太極拳解》三則、《十三勢說略》、《十三勢行功要解》、《四字秘訣》、《打手撒放》、《身法八要》等著名拳論。先生罕於課徒，只授其外甥——本城李亦畬弟兄。

武秋瀛先生

武秋瀛（1800—1884），名澄清，字秋瀛，自號秋瀛

老人，是武禹襄之大哥，咸豐壬子進士，河南舞陽縣知縣，對太極拳造詣頗深，現在流傳的王宗岳的《大極拳論》即其從舞陽縣鹽店所得。共著作有《釋原論》、《拳論》、《打手歌》等。

李亦畬先生

李亦畬（1832—1892），名經綸，字亦畬，鄉鄰稱呼其李大先生，河北永年廣府城內西街人。其自幼即讀書成癖，文學兼備，博學多才，四方聞名，弱冠則補博士弟子員，後因一次考試失利，便絕意進取，閉戶執教，故有李大先生之稱。

其母舅武禹襄，得河南陳氏之傳，大極拳技藝精絕，名傳一方。李亦畬耳聞目睹，漸悟其徑，遂跟其學習此技，且悟性頗高，一學便會，觸類旁通，神乎其技，成為武氏大極拳第二代大師。其著作有《五字訣》、《撒放秘訣》、《打手歌》、《走架打手行功要言》、《十三勢行功歌解》、《左右虛實圖》、（論虛實開合）等。

其傳人有本邑郝和（郝為真），清河葛福來等。

李啓軒先生

李啟軒，名承綸，字啟軒，武氏太極拳第二代大師李亦畬先生的胞弟，太極名家。注有《一字訣》（即敷字訣解）及（大極拳走架白話歌）等，他的傳人有南宮馬靜波，清河葛順成等。

郝爲眞先生

郝為真（1849—1920），名和，字為真，河北永年廣府城內西街人，從小聰明過人，嗜文愛武。先習外家拳，後以不輕妙靈活、非技擊之上乘，復從李亦畬先生改習太極拳，潛心致志 20 多年，造詣精純，特別是從不持藝自傲，每有人來訪，他總是謙遜和藹，並無半點凌人之氣。

據說，其拳技已達到神乎其神的境界，舉手投足皆能奏效，妙不可言，遠近聞名。

從先生學拳者遍及各層各界，遍及南北東西。可以說，武氏太極拳的廣泛傳播，在很大程度上得益於此。其門人主要有李福蔭、韓文明、張振宗及河北完縣的孫祿堂等。其次子文桂（字月如）亦得其傳，授藝畢生。

李遜之先生

先師李遜之（1882—1944），名寶讓，字遜之，是永年太極名家李亦畬大師之次子。先師一生工書愛讀，性情和藹，太極造詣非凡，拳技如神。其幼年讀書，壯年執教。曾任本縣初小教師，小學庶務員及縣勸學員等職。晚年經商，在本城東街開設新華印刷局。

到 1937 年七七事變後，日寇入侵永年，先師自謂國亡家破，前途暗淡，遂停業家居以明志，時年 54 歲，在家靠讀書、習字、教拳來消遣時光。我正是在這時與趙蘊圓、劉夢筆、魏佩霖一起拜在先生門下，同師學藝。

由於國事黑暗，生活艱辛，先師於 1943 年 7 月染病臥

床。

　　至 1944 年 5 月病重，於是把我喚至家中照顧，在我照顧先師期間，先師給我講了許多行拳至理。我日夜守候在先師身旁，約有一月餘，先師與世長辭，享年 62 歲。

　　我隨從先師習拳數年，怎奈資質愚笨，自愧無成，謹將先師所談拳中訣要及自已練拳的一些體會授筆記之，公諸於同好，願能拋磚引玉。

附錄三：武氏太極拳傳遞表

（李光藩先生提供）

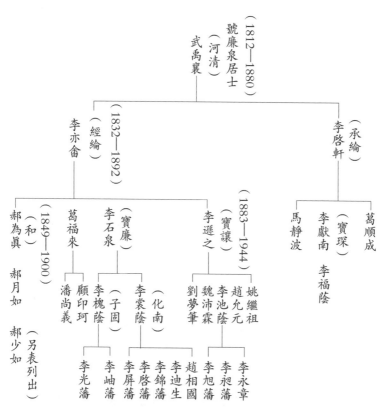

註：魏沛霖、姚繼祖所傳弟子較多，故另表列出。

（郝爲眞宗師系列）

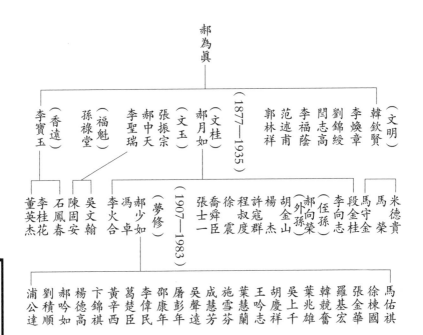

郝爲眞
（1877—1935）

（文明）
韓欽賢
李煥章
劉錦綬
閆志高
李福陰
范逃甫
郭林祥

（文玉）
郝月如

（文桂）
張振宗
郝中天
李聖瑞
（福魁）
孫祿堂
（香遠）
李寶玉

米德榮
馬守金
李向志
段金桂
（任孫）
郝向榮
（外孫）
胡金山
楊金杰
許寇群
程叔度
徐舜震
張喬舜
士一

（夢修）
郝少如
（1907—1983）

李火合
馮少如

董英杰
李桂花
石鳳春
陳固安
吳文翰

馬佑祺
徐棟國
張金華
羅基宏
韓競奮
葉兆雄
吳上千
胡慶祥
王吟志
葉慧蘭
施雪芬
成慧芳
吳聲遠
屠彭年
邵康年
李偉民
李楚臣
黃辛西
卞錦祺
楊德高
郝吟如
劉積順
浦公達

註：郝爲眞先師還有一些入室弟子，本文作者已記不起來，望原諒。

（魏佩霖　姚繼祖系列）

李遜之

姚繼祖
- 楊書法 — 崔志光 — 姚志平（孫）
- 楊永生 — 羅惠富 — 姚志公（孫）
- 崔彥彬 — 于瑞申 — 考斯特斯（希臘）
- 翟金泉 — 辛山岐 — 李印林
- 李志忠 — 李貴群／王貴群 — 郭光祿 — 宋繼忠
- 李劍方 — 倪俊芳 — 齊金發
- 梁寶根 — 冀長虹
- 秦文禮 — 王元良 — 任智需
- 王印海 — 李佳 — 李會敏
- 鍾振山 — 李清江 — 龐建峰
- 胡鳳鳴 — 張學彬 — 郭金
- 翟維傳 — 譚洪海 — 李小友 — 李平方（孫婿）
- 金竟成 — 郭連仲 — 翟會傳
- 姚劍華 — 程培聚 — 殷增祥 — 姚如月（孫女）
- 姚劍英 — 楊書太 — 張金中 — 顏守信（孫婿）

趙允元

李池蔭

魏沛霖
- 陳令保 — 楊法明
- 魏高志 — 史三杰
- 魏高義 — 翟維傳 — 杜會友

劉夢筆
- 魏高申 — 程培聚 — 陳老八

導引養生功

1 疏筋壯骨功+VCD

定價350元

2 導引保健功+VCD
定價350元

3 頤身九段錦+VCD

定價350元

4 九九還童功+VCD

定價350元

5 舒心平血功+VCD

定價350元

6 益氣養肺功+VCD

定價350元

7 養生太極扇+VCD

定價350元

8 養生太極棒+VCD

定價350元

9 導引養生形體詩韻+VCD

定價350元

10 四十九式經絡動功+VCD

定價350元

張廣德養生著作　每冊定價350元

全系列為彩色圖解附教學光碟

輕鬆學武術

1 二十四式太極拳+VCD

定價250元

2 四十二式太極拳+VCD

定價250元

3 八式十六式太極拳+VCD

定價250元

4 三十二式太極劍+VCD

定價250元

5 四十二式太極劍+VCD

定價250元

6 二十八式木蘭拳+VCD

定價250元

7 三十八式木蘭扇+VCD

定價250元

8 四十八式太極劍+VCD
定價250元

彩色圖解太極武術

1 太極功夫扇

定價220元

2 武當太極劍
定價220元

3 楊式太極劍
定價220元

4 楊式太極刀

定價220元

5 二十四式太極拳+VCD

定價350元

6 三十二式太極劍+VCD

定價350元

7 四十二式太極劍+VCD

定價350元

8 四十二式太極拳+VCD
定價350元

9 楊式十六式太極劍

定價350元

10 楊氏二十八式太極拳+VCD

定價350元

11 楊式太極拳四十式+VCD

定價350元

12 陳式太極拳五十六式+VCD

定價350元

13 吳式太極拳五十六式+VCD

定價350元

14 精簡陳式太極拳八式十六式

定價220元

15 精簡吳式太極拳三十六式 拳架·推手

定價220元

16 夕陽美功夫扇

定價220元

17 綜合四十八式太極拳+VCD

定價350元

18 三十二式太極拳 四段

定價220元

19 楊式三十七式太極拳+VCD

定價350元

20 楊氏五十一式太極劍+VCD

定價350元

21 嫡傳楊家太極拳精練二十八式

定價220元

22 嫡傳楊家太極劍五十一式

定價220元

23 嫡傳楊家太極刀十三式

定價220元

太極跤

1 太極防身術
定價300元

2. 擒拿術
定價280元

3 中國式摔角
定價350元

簡化太極拳

1 陳式太極拳十三式
定價200元

2 楊式太極拳十三式
定價200元

3 吳式太極拳十三式
定價200元

4 武式太極拳十三式
定價200元

5 孫式太極拳十三式
定價200元

6 趙堡太極拳十三式
定價200元

原地太極拳

1 原地綜合太極二十四式
定價220元

2 原地活步太極四十二式
定價200元

3 原地簡化太極拳二十四式
定價200元

4 原地太極拳十二式
定價200元

5 原地青少年太極拳二十二式
定價220元

6 原地兒童太極拳十捶十六式
定價180元

健康加油站

1 糖尿病預防與治療

定價200元

2 胃部機能與強健

定價180元

3 不孕症治療

定價200元

4 簡易醫學急救法

定價200元

5 肥胖健康診療

定價200元

6 肝功能健康診療

定價2

7 高血壓健康診療

定價200元

8 高血糖值健康診療

定價200元

9 尿酸值健康診療

定價200元

10 膽固醇中性脂肪健康診療

定價200元

11 痛風劇痛消除法

定價180元

12 三溫暖健康法

定價1

13 手・腳病理按摩

定價180元

14 B型肝炎預防與治療

定價180元

15 吃得更漂亮、健康

定價180元

16 茶使您更健康

定價180元

17 圖解常見疾病運動療法

定價180元

18 科學健身改變亞健康

定價

19 簡易萬病自療保健

定價220元

20 王朝秘藥媚酒

定價180元

21 立見實效保健操

定價180元

22 越吃越幸福

定價200元

23 荷爾蒙與健康

定價180元

24 越吃越長壽

定價

25 自我保健鍛鍊

定價180元

26 斷食促進健康

定價180元

27 蔬菜健康法

定價200元

28 水果健康法

定價200元

29 越吃越苗條

定價200元

30 越吃越聰明

定價

31 全方位健康藥草

定價200元

32 人體記憶地圖

定價350元

33 提升免疫力戰勝癌症

定價280元

34 腎臟病預防與治療

定價230元

35 怎樣配吃最健康

定價200元

36 心臟病腦中風預防與治療

定價

運動精進叢書

1 怎樣跑得快

定價200元

2 怎樣投得遠
定價180元

3 怎樣跳得遠
定價180元

4 怎樣跳的高

定價180元

5 高爾夫揮桿原理

定價220元

6 網球技巧圖解

定價220元

7 排球技巧圖解

定價230元

8 沙灘排球技巧圖解

定價230元

9 撞球技巧圖解

定價230元

10 籃球技巧圖解

定價220元

11 足球技巧圖解

定價230元

12 羽毛球技巧圖解

定價220元

13 乒乓球技巧圖解

定價220元

14 曲線球與飛碟球

定價300元

15 街頭花式籃球

定價280元

16 精彩高爾夫

定價330元

17 巴西青少年足球訓練方法

定價230元

18 籃球個人技術全圖解+VCD
定價300元

19 門球（槌球）入門與提升180問
定價230元

20 美國青少年籃球訓練方式250例

定價280元

21 單板滑雪技巧圖解+VCD

定價350元

快樂健美站

1 柔力健身球

定價280元

2 自行車健康享瘦

定價280元

3 跑步鍛鍊走路減肥

定價280元

4 創造健康的肌力訓練

定價220元

5 舒適超級伸展體操

定價280元

6 水中有氧運動

定價280元

7 雕塑完美身材

定價280元

8 創造超級兒童

定價280元

9 使頭腦變聰明

定價280元

10 防止老化的身體改造訓練

定價280元

11 三個月塑身計畫

定價280元

12 懶人族瑜伽

定價280元

13 忙裡偷閒練瑜伽基礎篇

定價240元

14 忙裡偷閒練瑜伽祛病養生篇

定價240元

15 健身跑激發身體的潛能

定價200元

16 中華鐵球健身操

定價180元

17 彼拉提斯健身寶典

定價280元

18 全身保健操＋VCD

定價280元

19 瑜伽美姿美容

定價180元

20 豐胸做自信女人

定價200元

21 輕鬆瑜伽治百病

定價280元

22 瑜伽秀體小品

定價280元

23 熱舞瘦身小品

定價280元

24 整形打造美麗

定價250元

25 排毒頻譜33式熱瑜伽＋VCD

定價350元

常見病藥膳調養叢書

1 脂肪肝
脂肪肝四季飲食
定價200元

2 高血壓
高血壓四季飲食
定價200元

3 慢性腎炎
慢性腎炎四季飲食
定價200元

4 高脂血症
高脂血症四季飲食
定價200元

5 慢性胃炎
慢性胃炎四季飲食
定價200元

6 糖尿病
糖尿病四季飲食
定價200元

7 癌症
癌症四季飲食
定價200元

8 痛風
痛風四季飲食
定價200元

9 肝炎
肝炎四季飲食
定價200元

10 肥胖症
肥胖症四季飲食
定價200元

11 膽囊炎、膽石症
膽囊炎、膽石症四季飲食
定價200元

傳統民俗療法

1 神奇刀療法
定價200元

2 神奇拍打療法
定價200元

3 神奇拔罐療法
定價200元

4 神奇艾灸療法
定價200元

5 神奇貼敷療法
定價200元

6 神奇薰洗療法
定價200元

7 神奇耳穴療法
定價200元

8 神奇指針療法
定價200元

9 神奇藥酒療法
定價200元

10 神奇藥茶療法
定價200元

11 神奇推拿療法
定價200元

12 神奇止痛療法
定價200元

13 神奇天然藥食物療法
定價200元

14 神奇新穴療法
定價200元

15 神奇小針刀療法
定價200元

16 神奇刮痧療法
定價200元

17 神奇氣功療法
定價200元

品冠文化出版社

休閒保健叢書

1 瘦身保健按摩術

定價200元

2 顏面美容保健按摩術

定價200元

3 足部保健按摩術

定價200元

4 養生保健按摩術

定價280元

5 頭部穴道保健術

定價180元

6 健身醫療運動處方

定價230元

7 實用美容美體點穴術

定價350元

8 中外保健按摩技法全集+VCD

定價550元

9 中醫三補養生 神補 食補 藥補

定價300元

圍棋輕鬆學

1 圍棋六日通

定價160元

2 布局的對策

定價250元

3 定石的運用

定價280元

4 死活的要點

定價250元

5 中盤的妙手

定價300元

6 收官的技巧

定價250元

7 中國名手名局賞析

定價300元

8 日韓名手名局賞析

定價330元

9 圍棋石室藏機

定價250元

10 圍棋不傳之道

定價250元

11 圍棋出藍秘譜

定價250元

12 圍棋敲山震虎

定價280元

13 圍棋送佛歸殿

定價280元

象棋輕鬆學

1 象棋開局精要

定價280元

2 象棋中局薈萃

定價280元

3 象棋殘局精粹

定價280元

4 象棋精巧短局

定價280元

太極武術教學光碟

太極功夫扇
五十二式太極扇
演示：李德印 等
(2VCD)中國

夕陽美太極功夫扇
五十六式太極扇
演示：李德印 等
(2VCD)中國

自然太極拳81式
演示：祝大彤
內功篇(2VCD)、
技擊篇(2VCD)、
養生篇(2VCD)

太極內功解秘
演示：祝大彤
(2VCD)中國

陳氏太極拳及其技擊法
演示：馬虹(10VCD)中國
陳氏太極拳勁道釋秘
拆拳講勁
演示：馬虹(8DVD)中國
推手技巧及功力訓練
演示：馬虹(4VCD)中國

陳氏太極拳新架一路
演示：陳正雷(1DVD)中國
陳氏太極拳新架二路
演示：陳正雷(1DVD)中國
陳氏太極拳老架一路
演示：陳正雷(1DVD)中國

陳氏太極拳老架二路
演示：陳正雷(1DVD)中國
陳氏太極拳推手
演示：陳正雷(1DVD)中國
陳氏太極拳推手
演示：陳正雷(1DVD)中國

楊氏太極拳
演示：楊振鐸
(6VCD)中國

本公司還有其他武術光碟
歡迎來電詢問或至網站查詢
電話：02-28236031
網址：www.dah-jaan.com.tw

原版教學光碟

國家圖書館出版品預行編目資料

武氏太極拳全書／姚繼祖　著
　　　──初版，──臺北市，大展，2010〔民99.06〕
　　　面；21公分 ──（武術特輯；123）
　　　ISBN　978－957－468－947－7（平裝）

1.太極拳
528.972　　　　　　　　　　　　　　99006149

武氏太極拳全書

著　　　者／姚 繼 祖
責任編輯／楊 丙 德
發 行 人／蔡 森 明
出 版 者／大展出版社有限公司
社　　　址／台北市北投區（石牌）致遠一路2段12巷1號
電　　　話／（02）28236031 · 28236033 · 28233123
傳　　　眞／（02）28272069
郵政劃撥／01669551
網　　　址／www.dah-jaan.com.tw
E－mail／service@dah-jaan.com.tw
登 記 證／局版臺業字第2171號
承 印 者／傳興印刷有限公司
裝　　　訂／建鑫裝訂有限公司
排 版 者／弘益電腦排版有限公司
授 權 者／山西科學技術出版社
初版1刷／2010年（民99年）6月

定　價／300元

大展好書　好書大展

品嘗好書　冠群可期

大展好書　好書大展
品嘗好書　冠群可期